生活·讀書·新知 三联书店

许倬云 著

熔铸华夏

中国古代
文化的特质

Simplified Chinese Copyright © 2024 by SDX Joint Publishing Company.
All Rights Reserved.
本作品简体中文版权由生活·读书·新知三联书店所有。
未经许可，不得翻印。

版权所有 © 许倬云
本书版权经由联经出版事业公司授权生活·读书·新知三联书店有限公司简体中文版
委任英商安德鲁纳伯格联合国际有限公司代理授权
非经书面同意，不得以任何形式任意重制、转载。

图书在版编目（CIP）数据

熔铸华夏：中国古代文化的特质 / 许倬云著. —北京：
生活·读书·新知三联书店，2024.8（2024.10 重印）
（许倬云学术著作集）
ISBN 978-7-108-07757-8

Ⅰ.①熔… Ⅱ.①许… Ⅲ.①文化史—研究—中国—
古代 Ⅳ.①K220.3

中国国家版本馆 CIP 数据核字（2023）第 244206 号

策划编辑	张　龙
责任编辑	黄新萍　陈富余
装帧设计	康　健
责任校对	张国荣
责任印制	李思佳
出版发行	生活·讀書·新知 三联书店
	（北京市东城区美术馆东街 22 号 100010）
网　　址	www.sdxjpc.com
经　　销	新华书店
制　　作	北京金舵手世纪图文设计有限公司
印　　刷	北京隆昌伟业印刷有限公司
版　　次	2024 年 8 月北京第 1 版
	2024 年 10 月北京第 2 次印刷
开　　本	880 毫米 × 1230 毫米　1/32　印张 9
字　　数	164 千字
印　　数	6,001－9,000 册
定　　价	75.00 元

（印装查询：01064002715；邮购查询：01084010542）

《中国古代文化的特质》
1988 年，台北联经出版事业公司，精装版

《许倬云学术著作集》总序

这套"著作集",乃是我在芝加哥大学考过学位以后,至今六十余年,在专业的岗位上累积的成果。此外,另有一些专题的有关论文,分别刊登于《历史语言研究所集刊》《文史哲学报》等专业期刊;此番整理成集,则是将上述单篇论文分门别类,汇集成帙,供读者参考。

这套由生活·读书·新知三联书店出版的"著作集"中,从《西周史》《形塑中国》到《汉代农业》这三本书,虽然成书之序有先后,而在我心目之中,却是这三本著作联结为一,叙述古代中国自西周建立封建制度以来,经过春秋、战国列国并存的阶段,终于经过秦、汉而实现大一统。这一进程,先聚后散,然后又再行拼合,俨然成为东亚的大帝国。

在此阶段的中国,政制统一,乃是皇权专制。而《汉代农业》陈述了整个过程中经济因素的成分及其融合。最终,中国发展出世界上最早的"精耕细作式农业",终将农舍工业与农业的收获相结合,凝聚为以农业产品为商品的交换经济。这是经济、社会两方面的整合,与皇权专制互相配合,进而熔铸为一个巨大的共同体。

只有经由如此的整合,中国这一皇权制度最后才得以凝聚为具体的"生活共同体"。如此生活共同体,才足以支撑理念上的"文化共同体"。二者之间,又以文官制度的管理机制作为骨干。

在世界史上,这三本书所代表的形态,并未见于其他地区大国发展的历程中。因此,我愿意提醒读者:中国凝聚得如此彻底,与其说是因为其政治体制的整合作用,毋宁说,奠基于经济代表的"生活方式"与文化代表的"思想形态",才使得"中国"二字凝聚之坚实,远远超越民族主义和文化共同性,成为独特的国家单位。

在撰著前述三本书的过程中,我的主要论点不仅是思考专题内部之逻辑,而且体认了,"中国"之形成在人类历史上,自有其独特的过程。

至于其他三本拙著,《水击三千》、《熔铸华夏》以及《我者与他者》,其主要论点也无非努力澄清上述巨大"共同体"的形塑过程,以及各个构成单元之间的互相依存。前三本拙著侧重于时间轴线上的进程;而后三本拙著则着力在平面发展上的"互联性"。

若将六本拙著合而言之,其整体关怀则是中国的"天人感应"及生活上的心灵与环境之互动;又将如此庞大的共同体,设法安置于这一广宇长宙的多向空间,以体现人与自然之间的互相感应;同时也提醒国人,时时不要忘记——单一的"人"与"人间",以及集体的"群"与"群间",都是互动、互依、互靠的。于是,这上亿的人群,不仅是生活在庞大的共同体之内,更需在天地之间对自己有所安顿。"天",这一特殊的"大自然",在中国人心目中的地位,就不是一种宗教信仰,而是令"人间"在"自然"中的地位,有了确实的定位及与之互动的合理性。

我自己感觉,中国人的生活,从来就不愿意以"人事"制服"天然"。此中合理性,并不是出于对神明的敬畏,而是"天人之际",是人对于自然的亲近和尊重。这一着重处,其实与最近半个世纪以来世界各处开始认真注意环保以及宇宙之间的平衡,包括对于自然的尊重,乃是一致的。因此,以中国文化中素有的如此自觉,与西方世界开始具有的认识相互对照,两者之间确是应当互通,而且彼此阐发,使地球上的人能够真正长存于天地之间。

以上,是我向读者们提出的一些自白。希望读者阅读拙著,能够理解我的用心:我并非只做学术研究,而是希望为己为人陈述一个"中国方式的安身立命";更盼望中国传统的"个体"与"群体"的紧密关系,亦即"天人"的合一与"群己"的合一,能够与世界应当走入的途径,彼此一致,互相启发。

区区自白,不仅是指明叙述的方向,也是盼望我自己的一些观念得到读者们的同情。

2023年10月10日

辛亥革命周年，许倬云序于匹兹堡

2024年4月1日，改订于匹城寓所

《许倬云学术著作集》出版说明

许倬云先生拥有长达七十年的学术生涯，著作等身，且其著作卷帙浩繁、版本众多。2022年起，经生活·读书·新知三联书店（以下简称"三联书店"）多方协调，这套六卷本《许倬云学术著作集》得以成编，是为先生学术面向之首度总结。谨按时间先后顺序，将相关版本情况交代如下。

《形塑中国：春秋、战国间的文化聚合》是作者的芝加哥大学博士毕业论文，其导师为汉学大家顾立雅（Herrlee Glessner Creel，1905—1994）。英文版 *Ancient China in Transition: An Analysis of Social Mobility, 722-222B. C.*，1965年由斯坦福大学出版，1968年再版；2006年，简体中文版《中国古代社会史论：春秋战国时期的社会流动》由广西师范大学出版社首度刊行。此次新译本定名为《形塑中国：春秋、战国间的文化聚合》，由中国社会科学院古代史研究所杨博博士于2022年冬，据芝加哥大学图书馆Ellen Bryan所提供的1962年论文原件翻译。相较斯坦福大学1965年英文版及2006年据此翻译的中文版,更为真实地恢复、还原了论文本有的行文特色。

《汉代农业:天下帝国经济与政治体系的生成》的英文版 *Han Agriculture: The Formation of Early Chinese Agrarian Economy, 206 B. C.-A. D. 220*,1980年由华盛顿大学出版社出版。1998年,简体中文版《汉代农业:早期中国农业经济的形成》被纳入"海外中国研究丛书",由江苏人民出版社出版,后分别于2012年、2019年再版;2005年,《汉代农业:中国农业经济的起源及特性》由广西师范大学出版社刊行。以上两个译本颇有分歧。此度收入本丛书,以江苏人民出版社授权之译本为底本,作者对译稿进行了一定程度的修订。

《水击三千:中国社会与文化的整合》,是作者有关"古代中国社会转型的各个转折点"之学术论文的合集。繁体中文版名为《求古编》,1982年由台北联经出版事业有限公司(以下简称"联经")出版,1984年、1989年、2022年再版;简体中文版2006年由新星出版社首度出版,2014年由商务印书馆再版。此番收入本丛书,以商务印书馆2014年版为底本,并重拟书名及全书篇目次序,删除与主旨"周、秦、汉中国社会与文化的整合"无关之篇目,以期集中呈现作者对于这一课题之省察。

《西周史:中国古代理念的开始》的繁体中文版《西周史》,1984年由台北联经首度刊行;英文版 *Western Chou Civilization*

1988年由耶鲁大学出版社出版。此后，相关版本情况如下：二版（1986年，台北，联经），修订三版（1990年，台北，联经），修订三版（1993年，北京，三联书店），增订本（1994年，北京，三联书店），增补本（2001年，北京，三联书店），增补二版（2012年、2018年，北京，三联书店），增补新版（2020年，台北，联经）。此度收入本丛书，以三联书店2018年"增补二版"为底本，对文本细节进行了若干处校订。

《熔铸华夏：中国古代文化的特质》是1985年至1987年，作者在台湾有关中国文化系列讲稿之合集。尤其上篇《社会与国家》的探讨，从文化发展、国家形态、思想方式、农业经济等方面，从文化比较的视角对"古代中国社会转型"所做专题论述，可谓其这一阶段学术思想之纲要，也是理解其古史研究及文化比较研究之门径。本书繁体中文版《中国古代文化的特质》1988年由台北联经出版，1992年、2021年再版；简体中文版2006年由新星出版社首度出版，2013年、2016年分别由北京大学出版社、鹭江出版社再版。此番收入本丛书，以联经2021年版为底本，删除下篇《科学与工艺》四讲，补入前述《求古编》中删除之若干相关篇目，汇集为下篇《传统中国与社会》，并改订书名为《熔铸华夏：中国古代文化的特质》，以期更为集中呈现作者对于"古代中国社会转型"之思考。

《我者与他者：中国历史上的内外分际》是以2007年作者任香港中文大学首届"余英时先生历史讲座教授"期间所做演讲——《古代中国文化核心地区的形成》——之文稿整

理、增补而成，可视为《说中国》及《经纬华夏》之先声。本书繁体中文版2008年由香港中文大学出版社出版，2009年由时报文化出版事业有限公司于台北发行繁体中文版；简体中文版2010年由北京三联书店首度刊行，2015年再版。此番收入本丛书，以三联书店2015年版为底本，增补了若干插图。

至于本丛书书目中各书之先后次序，则依其"内在关联性"排列。作为编者，谨此说明。

2023年10月10日初稿

2024年4月1日，冯俊文改订于匹兹堡

目 录

新版序　i

上篇·社会与国家

古代文化发展的特色　3
农业经济　22
国家形态　36
思想方式　49
转型期的发展　60

下篇·传统中国与社会

中国古代民族的融合　77
先秦诸子对天的看法　85

试拟中国社会发展的几个论点　121
传统中国社会经济史的若干特性　130
社会学与史学　151
在史学领域漫步　182

附录　清华文史讲座缘起　李亦园　235
　　　初版序　237
　　　论雅斯贝尔斯枢轴时代的背景　239

新版序

我所感触者,这一百余年来,从"一战""二战"到冷战以至于今日,世界上的霸主不断更换,而个中得利最多如今却面临衰败者,却是美国。

欧洲的历史,四五千年来,甚至于回溯到更早,都是不断的冲突。欧洲文明的源头,在中东和地中海,近则是希腊罗马,远则是两河埃及,中间当然还有波斯等的穿插,甚至于还有匈奴的侵犯,最后还有蒙古的狂飙。欧洲几千年来几乎从来没有真正走到过统一局面。

假如将欧洲视为"一盘棋",于是我们看到无数所谓蛮族入侵、封疆裂土:来了一批,定居下来;而另有一批后来者,又凌驾于上,俨然是要代替前者。于是,欧洲的地图上,有无数片当年蛮族留下的痕迹。他们来到欧洲,占领一片土地,成立一个小小的国家;然后,强者忽然崛起,凌驾于周围邻居之上。但是如此征服与被征服的形态，经常变化，没有真正的安定。罗马的征服，号称欧洲第一次大统一。这一军事集团占领一个城堡后，向四周侵略，然而，罗马兵团兵锋四出，却是有去无回，因为统军大将率领部属在新的地方成立新的小国。于是，这种统一，成为分裂的前身。

罗马帝国崩溃以后，则是教皇自己想要以精神领导，建立一个神权合一的局面；而其自己没有真正的武装力量，就将神圣罗马帝国皇帝的尊号授予法国的查理曼大帝。实际上，在他们定下的制度下，仅有几个大诸侯轮流当选作为皇帝。这种只是割据的局面，而非统一。中古以后，重商主义出现。欧洲以其强大的武装力量，应对伊斯兰教的威胁，发动了十字军东征；继则以海外的开拓，一手做买卖，一手占领土地，奴役当地百姓，开创了人类历史上大规模的武装掠夺，以及侵略的时代。

回顾欧洲的历史，为什么永远是分而不合？即使是在合的时候，也难以产生一个众人公认的核心。没有真正权力的教皇，难以长久维持一个空洞的名义。

欧洲分崩离析之时，殖民活动盛行，他们在海外成立了许多殖民帝国。那些殖民帝国却颇有一些可以长居久安，其中最注目者，为美国、加拿大及澳大利亚；此外，在欧洲也存在若干殖民地的大片领土，例如南非。又例如，中东地带的伊斯兰教百姓，曾经分别屈服于英国、德国和法国。俄罗斯帝国曾经继承了蒙古汗国的底子，成立了自己的国家，居然在东欧也颇开创了一番自己的局面。

从这些来看，欧洲人在海外可以成立国家；甚至于殖民地，也可以维持颇久。为何他们无法在欧洲形成一个统一的局面？这些金发碧眼的儿郎，可以骑骏马、追万里，为何就无法定下神来，整合出一个大的统一局面？

现在，回到问题的中心。中国文化笼罩的地区，论面积，与欧洲整个的面积相差无几。为何中国可以从部落分群占领土地，互相争夺，转变为封建系统，进而整合为帝国系统？从秦帝国以后，又为何一朝一朝地改朝换代，皇帝不断换人，老百姓居然还能过相对稳定的日子？相对而言，外面的游牧民族，也不断进入中国。可是，我们检视中国历史，南北朝五胡十六国时期，十几二十个国家到后来居然都被邬堡后面的汉人同化，最终改换姓名，同化于汉人。

在这次大规模而长期的种族混合局面以后，又不断有外力侵入中国，甚至于在中国建立政权。然而，突厥系统也罢，契丹系统也罢，女真系统也罢，蒙古系统也罢，以至于到满洲系统也罢，这些进入中国的外来游牧者，到了第三代，原本的马上健儿就只能在房间里读书写字，或者去乡下收税，慢慢全变成了中国人。

为什么中国能吸纳这些外来者？而欧洲外来者进入以后，每一群体都是有棱有角、互相摩擦？我个人认为，中国的土地完整,除了东面、南面是海洋,西面、北面是沙漠与草原,中间这两大河流与沿海小河流所涵盖的大地区,虽有山陵间隔,但其实都可以互相交通。这一局面下,割据不易,而面对农业定居的局面,任何马上好汉最终都会选择安土重迁。人数众多的中国农民——我不称其为"汉人""唐人",以其生产力可以供给外来者若干年食物;但长久以后,这些剥削者群体就会涣散,逐渐融入中国农业社会。因为马上狩猎与追逐禽兽,其所得永远不定;而农田生产,只要按时种植,成熟时收割,遇水旱有所控制,对虫害能管束,即能有所收获。

农田可以不断开发,可以不断将荒地化为肥田。农耕的方法可以不断改进,增加单位面积的产量。如此庞大的一片有水、有路、有河的地区,发展为世界上最大的农业群,这就是中国能安顿,而且可以不断吸纳投入中国怀抱的牧民原因之所在。而欧洲人在那一局促的山水之下,很难发展为同样的形势。

回看海外欧洲的殖民地,为何加拿大、美国都能发展为稳定的国家?就因为这两个国家的领土也是整体一片,山河陵谷皆可耕种。从普利茅斯上岸的一小群人,到不断招来的新移民一批批向西进发,在一百年左右的时间内,外来者就扩散于全美。其引诱力就在于,他们认为的无主土地,实际上是用现代武器从印第安人手里夺取的土地,将其转变为农田和市镇。印第安人也不是好农夫，因此欧洲来的开发者，都有肥得流油的大片土地，让他们可以从农牧中得到种种资源。这一个案，正如中国一样：只要安定下来，合理利用土地，这一国家即可定型。

另一个可能次要的理由，则是在新旧基督教、东正教和伊斯兰教都成为大型宗教系统以后，这些一拨一拨进入欧洲的族群，都各自选择了一种信仰。然而，他们选择的这些信仰，没有一个不是排他性强大的信仰。如此排他的信仰并非欧洲人的发明，其源头在埃及，此处不必赘述。今天的欧洲以及中东一带，几乎没有一片土地，不是被某一排他信仰者作为自己的家园。如此信仰系统，也就使得欧洲人不容易团结，而互相争斗。

回过头来看中国，中国人自从三四千年前就定下"彼苍苍者天"乃是主宰。这一苍穹高天笼罩四野，无所不包；世间所有的人，都在这一天意垂顾之下，成为天地人"三才"之一。这种简朴的信仰，是包容而非冲突。

总而言之，我个人以为：欧洲与中国走了不同的道路。先天的缘故是土地分割与土地完整之别，更重要者则是中国发展了大片的农业经济，有足够的力量吸纳新来的人群。大地吐出来的"奶水"，足够滋养所有在此土地上的人民。风雪雨露，无非不是帮助他们生产食物的泉源；四季更换，无非不是他们耕种收获的循环。

这一本小书，是摘取拙著中的若干旧文，合为一辑，以飨读者。其所关注的要点，均集中于我所长期瞩目的文化比较这一大课题。而回顾历史，恰好可以对我有所感触的问题提供一些线索。

以上所说，是我自己的假设。质之有识之士，以为可否？

2024年6月4日

许倬云于匹兹堡

上篇　社会与国家

我们文化的改变,实际上遭逢了双重僵化的问题。总之,世界的未来,也在另一个突破的前夕。

古代文化发展的特色

我要和大家讨论的题目，是我多年来所思考的问题，着重于从比较研究来看看中国文化的特色。如果不加比较，我们很难真正地看出自己与别人有哪些不一样的地方。我在中国研究的园地里，摸索学习也有好几十年了，往往发现在中国史范围内，自己觉得天下之大只有中国；到外面一看别处史家治史时，却是天下之大没有中国，这种偏差，是长期积弊所造成的。汉学在中国学术圈里是门显学，一方面中国汉学圈内自己做自己的研究，自以为做出一些系统来；但另一方面我们做的系统与解释，很难与外界沟通；再者，我们有这么多的记录，这么多可以考察的现象，但在整个世界人类历史的进展中，却没有得到应有的注意。如此一来，损失的不是记录本身，而是世界人类历史的研究中，遗漏了极重要的一环。

我们看看世界通史的书籍,其中并非不提中国,只是很难把中国与其他各文明连接在一起,做个明确的比较。所以我自己许下心愿,开始朝这方面做些研究工作。由于我做的是古代史的研究,因此从古代文明的比较着手,当然无可避免地会延伸到现在,拿我自己所学的经验、所思考的问题,把古代与现代联系在一起,来看看有没有长久以来可留下的影响。虽然我的研究是古代,但仍要看今天和古代是怎样连接在一起的。此中势必冒了一个大险,因为从古代到现代,中间有很长的一段历史是我不太熟悉的,有些地方很可能会说出外行话,或是忽略了应当注意的史实与现象。每一年回来,我常常参加一些讨论会,与同仁切磋,像毛(汉光)先生、杜(正胜)先生、张(元)先生等都参加过讨论会,对我都有过帮助;我自己也主持过两届讨论会。这些机会使我反省自己思考的经过,也提供给我学习的经验,使得我在古今中间一大段不太熟悉的地方,可以经过朋友的讨论与指点,学得多一点,可以将当中应该联系而忽略的地方找出来,满足我自己的兴趣。这次的研讨会,我是拿它当作再一次的学习,而且再一次把我近来思考的结果,比较系统化地说给自己听,也说给朋友听,再检查一下说得通不通。这等于是一种尝试,也等于是英文里所谓"think aloud",大声地想,不是默默地想。大声想的时候,若是想的东西不对,传到耳朵里面马上知道不对,就说不下去了,所以我今天也借这个机会来"think aloud"。

在我做比较研究或比较观察的时候,目的并不在寻找一个通则或通例,而这往往是有些做比较研究的人常常犯的毛病。他们以为先讲定理,人类有若干一定要去的方向,而由比较研究中可以提出一些共同的道理;我所做的正好反过来。从比较里寻找不同的地方,从不同的地方回溯它演变的经过,看看是哪些条件促使这些不同地方的发生,这是在比较中寻找"异",而不寻找"同"。从这个特定的角度,我可以说与大陆史学界同仁的方法是相反的,因此我也没有特别的定律或法则,在脑子里驾驭所有的资料。我只是一个时代、一个文化地找它们的特点,从比较中看出它们的差别。我想,凡是学历史的人都知道,历史是一大串特定的时间,而不是一大串共通的现象,我们要将这特定的时间给予好的解释、清楚的叙述,这就是历史学与其他社会科学的基本差异。所以我还是在做历史范围里该做的事,而不想跳到另一条路上去找通则或通例。

第一段所要讲的是,我们中国文化在古代发展的最重要特色是什么?作为一种有文化的动物,人类与别的动物不同的地方是,我们会把人群组织在一起,有意识地去做特定的工作。这与大马猴不一样,大马猴也是成群结队的,但它们不是有意识地结队成群。从春秋时代起中国人就知道,人不能与老虎比,也不能与飞鸟比,但人有自己的智慧,用意识来结合人群，用群体的力量来克服环境的困扰。所以我先讨论哪些特定环境会造成哪些困难，哪些特定地区的人用什么方法来组织他们特定的人群；而这个组织方法是许多可能选择里的一种，选择了以后，就定了方向。譬如我们到"清华大学"的小吃部，走到哪一个柜台之前，都有许多选择，到达以后选择就局限了。所以每个特定地区因应它的特定环境可以做许多选择，等选定了以后就变成文化的基本调子了。这个基调就等于生物的基因，人的群体里面也有基因留下的约定消息，不断地传递下去，形成特定的应付方法，在其他新的条件、新的情况发生以前，就会不断用老的方法应付下去。不但一个人如此，一代一代也是如此，这种延续性即造成智慧的延续。延续本身是一种制约，制约使得文化对那些问题的处理拥有特定的方式。而另一个文化没有受到这种制约，或是制约的方向不一样，它就会循着另一种规范、另一种处理方式，于是每一个文化产生了自己的特色。这特色会经常修改，不会永远不变，虽然一次只是修改一点点，时间一长，修改的就多了。在短时间内可以看到它的延续性大于断裂性，因为它本身要延续的，所以就和别的文化不一样。

如此道理，与个人是一样的，俗话说"三岁看到老"，三岁时所获得的处理经验和方法，可能就一直随到老。人群的结合大概有几种可能，最主要的是生理性的，譬如一夫一妻再加未成年子女，这是最基本的单位（虽然在本世纪前后，这种单位产生了困难，譬如现在美国有很多夫妇没有小孩，甚至两个男的可以结婚，两个女的也可以结婚，这些都离开了生理的条件）。人类大多数的经验里面都是以生理的需求结合在一起的，这是亲缘性或血缘性的团体。另一方面人与人的结合情况，是地缘性的结合，大家经常住在一起就变成小小的社群。

这两种小群——地缘性和亲缘性的小群，是人类结合的最基本方式。但两种小群都会成长，基本单位的小群会成长为大一点的村落，或是成长到许多村落结合在一起的更大单位。族也会从家庭成长到更大一点的单位。大概说来，面对面的交往而生效的有两三百人，超过两三百人的更大的群体就需要其他东西联系，依赖符号，自觉地认同自己是群体里的一名成员。在某种意义上，语言本身是创造符号的东西，而它本身也是符号；等到人群要倚重符号的时候，就表示他们不能单单靠面对面的交流了。换句话说，团体大到要用符号来联系时，就表示生活的需求已不是依靠直接接触的了，而这种更大的需求是在什么时候出现的呢？它出现在我们破坏生态的时候。如果我们眼睛一闭就可以随手抓只兔子，就不必和别人合作；或是我们摘水果就可以维持生活，也不需要和别人合作。可是人类破坏生态的速度极快，生态一破坏，就是必须要改变生活方式的时候。人类生产食物的阶段，即是新石器时代。

在新石器时代，初级的群体扩张为更大的群体，而由此，生产需要组织化，人群需要组织化，消费需要组织化，分配需要组织化。人类所面对的是不太有利的生态环境，于是我们创造另一种环境，人为的因素超过了自然的因素。而由人类摆进去的人为因素，其影响力比天然的影响力还要大，日子愈过愈复杂，人为的因素对我们的影响也愈大。于是，文化的传承性和由传承性而产生的分歧性也愈来愈大，延续性愈强的时候分歧性愈大，而每个文化特质的出现以及走向某一个已定方向的速度和距离也随之增强。直到另一个阶段，人类必须再一次调整自己的生活方式，又回头由分歧走向融合交流。

我现在所要讨论的开始不是新石器时代，而是在"政团"出现的时候。我用"政团"一词，为什么不用"国家"这个名词？"国家"在英文里面有很多特别意义，它在西方历史发展出来而获得的意义，与非西方的"国家"意义有格格不入的地方；如果我们拿西方意义的"国家"和我们自己意义的"国家"交合在一起，就会造成混淆，因此我避开这个词。当然稍后我还是会用"国家"这个名称，但请记住，我用的时候，是超越任何文化传统的说法。我用"政团"是表示政治化的团体。政治化的组织，有政治意识地以集体力量组织团体，这个集体力量超越个人力量之上；而这个团体在集体的约定、集体的力量共同约束之下，就可称为 state。

我从政团出现的阶段来考虑这个问题。新石器时代以后，人类寻找新的生产工具、新的组织方式以解决资源不足的难题。在这个时候，文明（civilization）产生了。在我的定义中，文明的产生和政团产生的步伐是一致的，因为文化的复杂性与社群内部的分歧、分化与生活需求有极密切的关系，文明起源的时候就是政团出现的时候。

现在我拿几个主要的古代文明来观察它们的发展过程。第一个是两河流域。两河流域是位于底格里斯（Tigris）河和幼发拉底（Euphrates）河之间，为什么我们用"美索不达米亚"（Mesopotamia）这个词呢？这个词是"河间"之意，这两条河上游的发源很近，两条河基本上平行进行，更下游又接近以致合成一个三角洲（delta），中间这块就称为"美索不达米亚"。这块地区是面积并不很大的冲积平原，由从札格罗斯（Zagros）和安那托利亚（Anatolia）两个山系冲积下来的泥沙和沙漠里刮过来的沙尘合在一起而形成。当然我们谈两河文明的范围时不该只谈美索不达米亚，旁边的山地，即地中海末段的山地也该包括进去；不过文明出现，形成城邦，是在两河流域，所以还是以这里作为美索不达米亚的腹地。腹地数百里内没有丘陵、没有石头，往下挖也挖不出石头，要石头就得上山，到安那托利亚或是到伊朗的札格罗斯，或是到黎巴嫩去找石灰石。美索不达米亚的下游是三角洲的冲积平原，也是沼泽地，河流缓慢得找不出河道，长

古代文化发展的特色　9

满了"阿拉伯苇草",可是河中与沼泽地带,水产还相当丰富。要在这种生活环境下生存并不容易,热风常常吹袭,山上冲下来的雨水并不稳定;旁边山坡上本来居住环境相当好,可以种植麦子,但是日久地瘠了,就只好移到河域来。各位过去念到过"肥沃月湾",其实月湾一点都不肥沃,荒凉不堪,连造房子的材料都没有,除了泥沙还是泥沙。两河流域的人们要在这种情况下,突破新石器时代的天然环境,另外创造一个环境。这地方最初出现的村落遗址并不很大,可是慢慢地村落与村落之间发生联盟,因为有许多工作要大家一起做,做石器的石头,需要从远处取得,长途获取原料是很重要的工作。先是取硬石头,后来则是为获取铜、锡、木材而做长程的贸易。他们发现一两个村落应付不来,只有大家合伙派人远征,派出去的远征队所带回来的东西是大家用的,不是只有他们几个要用而已。远征队出去时所带的食粮和家里的生计都是大家供给的,所以带回来的东西也不能待价而沽。于是为了大群体的共同利益就构成了超级村落,这就是后来城邦的前身。

城邦之成为国家,则是附近若干个小一点的城邦屈服于大一点的城邦之下。从第一个王国的出现,可以看到大城邦和小城邦之间存在着隶属关系,不完全是一字并肩的地位。换言之,就是人类感觉到需要拿团体的力量去获取资源,而这些资源有些是远征队带回来的,有些是集体交换的。但是拿什么东西去交换？种粮食、捕鱼……再以之交换本地缺少的物资。长程的交换为贸易，在美索不达米亚是很重要的一点。其中神庙是最大的"贸易公司"，神庙派最多的人出去；神庙也是"银行"，也是屯聚与分配粮食的中心，城邦里真正的生产交换关系体现了以神意象征的集体利益。资源共享是分配中最主要的事情，最早的泥版文献之一就是神庙分配物资的记录。这种国家的特点就是共享与合约。合约造成民主的现象，反映在神话里就是他们的神祇常常开会，譬如有个神说我要毁掉某一座城，而那座城的神说不行，于是大家必须通过会议决定。神的集会也一样有派系之争，开起会来热闹得很，一定要大家多多少少地取得协议才能执行。神的会议就是人间会议的反映，人间的城邦有长老院和市民大会，这种城邦的民主结构是由生活需要而来的，这是人类历史上很特殊的现象。

这种城邦的人群结合原则是什么？不是亲缘的，而是合约的；它是地缘的，因为它有个中心，以城邦本身为中心，地点固定，当地财富的收集也固定。地缘性可以扩张，因为它是合约式的、共享式的，可以一个城邦与另一个城邦联盟，可以许多城邦联盟成一个国家，甚至可以从王国变成帝国，到最后可以统一两河流域，并超越两河流域到达以外的地区。这样的团体有扩展的潜能，每次扩张的过程中，又都要有新的合约、新的协议和新的共享，包括神与神重新订定的关系。本来不相干的两个城市可用神与神之间拟定的新关系结合成一体，如有些神的地位升高，升高成新的大神，或者新被征服者要接受原有的大神作为他们的保护神，也把新被征服者的神容纳入神的系统内。这整个过程有可以扩展的潜在可能，可以继续不断扩大，到最后可以成为普世帝国。中东最终所表现出的普世帝国就是波斯帝国。到今天，波斯帝国的子孙信奉伊斯兰教。伊斯兰教的创始者穆罕默德虽然是中世纪才出现的人物，但是伊斯兰教的思想方式及其对宇宙的了解，基本上走的是同样的路数，即普世帝国的路。

第二个例子是埃及，位处尼罗河流域狭窄的河谷，两边都是石灰石山崖，此外就是沙漠。这块地方新石器时代的遗址并不多，尼罗河谷的人利用冲积平原上的土壤来发展新型的农业。其中最要紧的事就是保有每年冲积的同一地方可以继续耕作，于是出现集体的所有权，因此个人没有办法宣称这块地是我明年还要种的。在集体所有的原则下，每年重划土地，才能保有这块土地的使用权，这也是一种组织的需求。两河流域的组织需求是要获取新的物资，而尼罗河流域的需求是要在同一块土地上保有长期的使用权。尼罗河作为交通路线是非常便利的，使上游下游连接为一体，易于一统天下；但对外有很难跨越的阻隔，所以对内的认同很容易建立，这种情况之下造成尼罗河谷自成单位的现象。于是古代埃及人感觉到自己是选民，上帝造了这个地方给他们住；他们自负甚高，而且认为神圣王权和神的世界是不分开的，除了神圣性外，古埃及文化也有排他性。他们以为他者不应该享有埃及人所有的权利，同时也不去学别人的东西。这种群体缺少可以扩展的潜能及愿望。但等到需要扩张的时候，则是与两河地区的国家有了接触时，别人打到门口来了，或是自己具有足够的力量要去获取别人的资源，就不得不来往了。对埃及人来说，扩张等于文化自杀。因为扩张，埃及文化丧失了它的选民性及自信心，以致变得无所适从，如此相当自我完足的文明扩张太多或太快，或是外面的人进来太多，遂难免灭亡。今天的埃及文化并不是古埃及的后代，而是两河流域的后代，人种上虽是古埃及的后代，但文明已经消失了。古埃及文化是排外的、自负的，也因此失败了。

第三个地区是印度河和恒河流域地区。印度次大陆上（包括今天的巴基斯坦），两条流域一边是印度河，就是我们以前说的"五天竺"，另一边是恒河，两条河并不怎么能相通。而两条河的外面绝大部分是德干高原，又干又热；往北是喜马拉雅山；西北方向，兴都库什山在这边和帕米尔中间形成通道，一直连到中亚一带，在胡马南下时无险可阻。印度河和恒河流域的气候热而湿，植物也容易生长。这是世界上土壤堆积最厚的地区，但它的资源却不足。新石器文化所需的石块来源，主要在兴都库什山。而印度河流域距离较近，所以印度河产生哈拉帕文化，其结构是城邦型的文化，值得注意，也值得惋惜之处在于：这一哈拉帕文化，呈现两河与埃及之间的互动关系，却与印度关系不大；在这一文化出现于世界时，却已是被摧残尽净。其毁灭之原因，有一部分是印欧民族南下牧马，在这一交通通道之上，一个和平的农耕文化受不了铁骑的屡次践踏。近来的解释，则是根据梅加拉亚钟乳石纪年显示，在那个时期，喜马拉雅山上的雪水融化，倾泻而下，毁灭了这一文明遗址。

今天仍旧存在于世上的印度文明，高踞喜马拉雅山南坡，直下到恒河流域。这一文明的形成，也与印欧民族南下有相当重要的关系。因为，每一次印欧民族南下，就征服了当地原来的文明，而白色的印欧种就高居社会上层。印欧民族一次一次南下印度，最上层的统治者就又经一次换手，后来者居上，于是印度文明最显著的特色，就是严重的阶级化，上下阶级之间不能跨越。古已如此，如今依然。今日可见，印度人民之中的肤色差异十分显著——越在下层，肤色越黑；越在上层，肤色越白。如此垂直性的分工，在世界各地文明发展过程中，都曾经发生过；只是，像印度文明的内部结构，如此层叠，后来者不断压倒先到者，这种多层次主奴的结构，印度是唯一个案。

印度地区，气候从喜马拉雅山麓的坡地下达恒河，越往下走气候越是炎热潮湿，对于植物的生长极为有利。按理说，印度应该有非常发达的农业文化。其实不然，因气候湿热，印度人只要从沼泽、池塘、河滨收割作物，就足以满足温饱。于是，在如此有利的温湿地带，印度人在农业上的贡献，几乎就是"听其自然"四个字。

印度对世界最大的贡献，乃是与佛学有关的玄理哲学。这一佛教信仰，如今遍及全世界。佛教在印度造成的效应，则是人人接受命运，各自安分，不在阶级不平上作任何改进。

归根结底，回头讨论中国，同样先讨论地理环境。中国文化发源的地方，我们称之为"中原"，印度河、两河、尼罗河三个河域加在一块儿都没有中国大。换句话说，中原腹地之大等于一个小世界，在这个小世界里边没有严重的交通阻碍，黄河流域也不像"五天竺"那样分割得支离破碎。于是在新石器时代晚期龙山文化，从东到西，每个邻接地区的文化都有差不多的面貌，其延续性是非常缓慢的改变。从北到南也一样，这种横向的延续性表示交通良好，彼此互相学习，一方面在同一块土地上有许多中心在互相挑战；另一方面在挑战和比较中又互相学习，所以同与异竟辩证式地组合在一起。在这个地区活动的人类总数与刚刚所讲的三个地区加起来差不多，其内部则存在相当程度的文化差异，而在异样性如此强的地区可以产生一致性那么高的现象，这是很特殊的情况。

就物资来说，石璋如先生曾指出，以安阳为中心，向外画50公里到60公里的半径圈里，什么样的资源都有。而黄土层又构成特殊的条件，黄土并不天然肥沃，有赖人为的努力，有一分力气下去出一分东西，放两分生出两分，不放就什么都没有。耕作也像尼罗河流域一样，要长期地保持一块耕地才能有好的收获。长期改良小耕种地区的条件，长期保持稳定性，于是造成地缘的土著和亲缘的结合，同一地点的乡亲住在一起久了就变成一家人，使得在土著之外也有亲缘上紧密的结合。

新石器时代中原村落的高密度是世界少有的，为什么会如此呢？这是由于中国的移民从一个母群、一个小村落移殖出去时，走到哪儿都会碰到别的小村落，早已有人居住在那里。没有空阔的开拓空间，人们只能在夹缝里求生存，甲、乙、丙三个村落都有过剩人口，甲村落出去的人一下碰到乙村落和丙村落，唯一可以利用的是甲、乙、丙之间的空隙地方。凡此空隙只有到丘陵、河谷、丛林或沼泽里头去，花点力气把土地变为可用，所以中国的移民形态是"填空隙"，而非长程移民。这个特性使母群和子群之间的距离并不疏远，互相依存的关系就可以保持很长久的时间。演变的后果则是大量人口在高密度的分布之下有千丝万缕的关系，有利于形成大型的复杂政团。这样扩展的政团可以是没有界限的。政团以人群作基础，而人群基础就符号来说，可以是血缘基础的同姓。

例如炎帝和黄帝之间的关系，这两个族群号称兄弟关系，一个生在河这边，一个生在河那边，这当然是后来的融合。另一个例子是古代的祝融八姓，八个不同的姓之间有共同的符号，尊奉共同的神——祝融。这种结合的过程和两河流域型有点相像，可是不以地缘关系，而以亲缘作为结合的方式。结合时是说我这一宗和你那一宗，来自同一个祖先，或是通过婚姻关系。在中国找不出像两河流域那种以地缘结合的方式，商代以后才有变化。商代的政治单位有两种平行的系统，一种是地区性的邑，一种是亲缘性的族。到了西周，以宗法取胜，邑变成族的附属品。周代选择以血缘来结合人群，这个选择形成中国很大的特色，中国的扩大政团遂以亲缘的团体扩大，反映在词语上是"天下一家"。我们的国与家不分，我们的扩张可以造成普世性的帝国，而这个普世性的帝国是建立在亲缘关系上的。照理说，亲缘系统的排他性是很强的，但是我们可以超脱这种排他性，而产生"民胞物与""民吾同胞"的观念。中国以亲缘来带动扩张的需求，这是上述三个文明所没有的特色，表现在社会关系上就是：亲缘关系是所有关系里的基因。这就是我特别强调的中国亲缘关系的特色在中国的出现，这是早在政团出现时就有的特性。

讨 论

问：许先生用政团代替国家，就中国本身来说，是不是"国家"这个词还是可以用？此前我在一篇文章中看到，从考古资料来讨论中早期中原国家的形成，有些朋友也质疑"国家"这个词容易造成混淆。我的意思是，若是就中国古书的本意来说，"国"和"家"是不是还可以用？

答：在讨论中国史的时候，"国家"当然可以用；在讲到埃及时，"国家"就用不上了，因为它有国无家。我为什么不用这个称呼呢？因为拉丁文中"国家"一词有主权的意味在里面，而普世性的帝国里常常没有主权的观念，假设普世性帝国跟文化观念混合为一的话，主权更为模糊，这就是我不喜欢用这个词的缘故。在英文里今天分化成两个意义，一个是国家，一个是地产（estate），本身就有对一片土地的所有权的观念，而这个观念用到许多文化时就不合用了。讨论不同文化的最大麻烦就是找共通的名词。社会科学还不能用符号语言，至今仍只能用自然语言，而自然语言往往有它自己过去发展的文化附加义。最好是找出超越自然语言的符号，但是又很难，于是社会科学常在造名词，这也是无可奈何的事。

问："政团"这个名词在某个历史中可以用，但政团发展到某一个程度时，我们非用另一个字眼代替不可，那么在中国有没有这样一个字眼？

答：像"国家"这个词也常常在改，在中国历史上"国家"常指皇室，从汉朝到清朝都这么用。一个名词在不同时期有不同用法，即使做研究时也只能在某个时期才能用，超越那个时期就不能用。基本上我们刚刚说的在欧洲中古以后才有，而21世纪时，过去的观念未必仍然合用。我想21世纪的国际法不能和20世纪时有一样用法。所以今天用这个词都有时代性的限制。

问：刚刚所谈的四个地区中，中国地区就考古资料来看，文明呈现多元化的趋向，在长江流域也出现新石器时代聚落，为什么长江地区没有发展成您所讲的中原情况？长江流域文明的特色是什么？

答：黄河和长江之间没有严重的隔阂，所以彼此的影响早就存在，长江地区的发展也类似黄河流域，空间的横向也有延续性。当有一个国家的雏形出现时，别的地方面对它的压力也要模仿，成为衍生的国家，而原型只出现一次。当然在另外孤立的地区，原型可以再出现（如西南山区）。但在交通方便的地区原型就只出现一次。在长江流域也有过政团，例如春秋时代的楚国，但楚国实际上是模仿北方中原的国家形态。在中国边缘地区也常有原型出现，但来自中国的压力太大，使它们无法长久保持原型而不得不模仿中国。然而有些地区不能完全地吸纳中国的影响，例如日本就没有我们这么强大的亲缘性。

问：您所讲的似乎主要以地理因素来解释古代文明的起源，是不是还有其他重要的因素？

答：愈是古时候，受自然环境的影响愈大，反正影响文明的因素不是自然就是人文，而愈到后来，人文的影响就愈大。

问：地理环境类似，但发展出来的文化却不相同，如何解释这种情况？

答：人所做的选择是不一定的，因果的线索也是分歧的，往起源回溯才能看到某一文化的选择，而且选择的心态也不一样，这就是人类的自由意志在运作了。

问：每代都有选择改变的机会，那么在历史中应该会有很多的断层现象？

答：决定乃是集体的决定，绝大多数的人是不做决定的，所以总的结果是延续性大于断层性。转变的发轫者影响力的大小又受当时条件的影响，而通常有决定性的改变者只是极少数人，其影响能否得到大众的回应，大致愈到晚期则愈有可能。

问：如此而言，当我们在处理社会经济史时就会看到比较多的延续现象，而在处理个人传记单独记事的时候就会有许多断层现象？

答：是的。但是也要注意，无论是思想史还是科学史，我们必须记取，没有一个观念不是基于前面而来的，天下没有凭空掉下来的理论，所以时间的延续性还是存在的。

问：现今的考古资料显示长江地区也有文明起源，但原型为什么只在黄河产生，不在长江？

答：长江亦有原型。南方楚国传给中原的东西也很多，黄河、长江流域是有互动关系的。当然其中地区性的特色还是存在的。我不认为中原是独一无二的，只是拿中原来作为比较的例子而已。

农业经济

在讨论这个问题之前,我要先重复一下拙作《汉代农业》里的观念,以厘清我自己的思想线路。在那本书里面,我拿汉朝当作是中国精耕农业萌芽并逐渐发达的一个阶段,而且汉朝以后的中国也经常以精耕农业为主要的经济形态。

有关精耕农业的基本观念,我先在这里说明一下。第一是精耕农业的背景需要,第二是精耕农业在清代的历史情况,然后再做比较。精耕农业的任务是要在最小的面积上获得最大的产量,在地少人多的情况下非要有精耕农作不可。劳力密集,也是根本的观念,从这些观念才能衍生出其他的现象。

接下来要讨论的是,人口密集是怎样产生的呢?为什么在局部地区有高度的人口密集?如前所述,中国在新石器时代的聚落分布密度,是同时期其他文化无法相比的。从现在已经发掘的考古资料来看，在黄河中游一带有两三千个居住遗址，密集的程度和今天的现象相当类似。我也说过，在新石器时代中国文明形成的时候，人群的组织方式有两种：一是亲缘，二是地著。亲缘也包括类亲缘，即使不是真正的亲缘，也号称自己是一家人，所以我称之为类亲缘；地著就是居住在这片土地上不太变动。所以人口的大量移动是缓慢的、短距离的，先要布满附近的空地，然后才能发展长距离的移民，因此人口的密集在中国历史上来看总是局部性的。移民不会往宽乡疏散人口，只会在窄乡附近住得愈来愈挤。中国的人口密集区，就是造成中国精耕农业最主要的条件。

精耕细作的农业以大量集中的劳力放在小农庄上，以大量的劳力来应付季节性的需求，使劳力平均分配，也可以增加作物的种类。但是黄河流域及长江流域都有不短的霜冻期，在这段时间没法耕种，所以精耕细作农业就只能和农舍工业结合在一起，使得农闲时节的过剩劳力可以化为农舍工业的人手。换句话说，农业的生产者即手工业的生产者，手工业的产品变成市场里的商品。以我之所有易我之所无，《孟子》里讲冶铁的人去换陶器，生产陶器的人要换铁，自然而然就有了市场网的出现。虽然此处以中国为例，但在世界好些地区都可以找到类似精耕农作的情况，而它们的发展过程也大致是类似的。例如欧洲大陆上法国南方的农业和波兰大平原上的农业，都配合了当地大型的市场交换网的发展。

发展的条件在哪里呢？当农舍工业有可以销售手工业产品的条件，如果不是从未发展出作坊工业，就是作坊工业被其他力量毁掉时，方能有农舍工业发展的机会。作坊工业都发生在城市，而精耕农业的农舍工业和城市化则有互斥的现象。另一个互斥的现象则发生在土地广大、人口稀少的情况下。我们看欧洲精耕农作区，法国农夫、德国中部的农夫或波兰西部的农夫，他们都有很高的农耕技巧，也发展出了很多手工业技能；可是当他们搬到空旷的美洲大陆时，就不再精耕细作，也遗忘了手工业技能。

中国精耕细作的历史背景，则是政治力量毁掉城市，毁掉作坊工业，毁掉私家经济。战国时代以城市为基地的作坊工业已经萌芽，汉代因国家力量强大，打击社会力量，摧毁了私家经济，于是造就农舍工业的发展机会以及推动市场网的成长。上述就是我说的精耕细作的观念。

下面我要开始分析，并举出若干项目说明；同时在做这些项目分析时，每一个项目都要连带地与其他文化做对照。

第一是劳动力的性质和成分。汉代劳动力最大的来源是"编户齐民"，亦即一般登记户口作为国家公民的老百姓，而不是奴隶。整个中国两千多年的历史显示，中国最主要的生产者就是"编户齐民"。当然，中国的历史也不是没有转折与变化。譬如说，西汉末到东汉初精耕农业已经发展到相当成熟的阶段，而市场经济也形成了全国性的网络。但为什么东汉出现大量的奴隶，并且土地兼并的现象也比西汉严重得多？奴隶耕作的大农庄和精耕农作并不相符，因为只有自己种自己的田才会多花气力下去，不然就会产生"抛荒"，那么如何解释东汉出现的大农庄现象呢？

先看东汉奴隶的来源。东汉并没有很多种族奴隶，有许多是失去土地之后才变成奴隶的。大地主虽拥有大量土地，但到目前仍无法证实当时大农庄实施的是粗放式经营，很可能仍是小规模的小农庄经营。中国古代没有像美国南部的大棉花田，或是乌克兰的大麦田。我们只看见很多小片小片的农庄，虽无法正面证实，但是从家户结构可以看出当时是小农庄的经营；从单位面积生产量看来也是相当高产的小农庄。换句话说，密集农耕是在大土地所有制形式下的小农庄经营，其上的奴役不是绑在一块儿的集体奴群，而大概是佃农与长工在耕作。

拿汉代来与另一个奴役耕作形式做对比。罗马帝国时代常有大量的奴隶在大片的农地上耕作，在意大利半岛，这种大农庄通常是专业式生产，生产葡萄、橄榄等经济作物。倒是北非才有大量的奴隶耕作生产粮食，但这时候不是密集的耕作，而是粗放的，用的是种族奴隶。当罗马兵团出征时，抓回大量的俘虏出售给大农庄。这种典型的奴隶耕作现象,并没有在东汉出现。如果说东汉时的土地兼并表示农业经营制度改变了,我觉得并不对,东汉的农业经营恐怕还是小农庄的耕作,只不过是由土地主人拿走收获中的一大半,集中出售、集中所有,所以夺去了劳力里面最大的利润。东汉的耕作者未必像罗马的种族奴隶,未必过着非人的生活。所以劳动力的性质和成分在东汉时代好像背离了精耕农作的状态,但实际上并不是在耕作方式上有所背离。中国历史上难得看见像罗马那样的大农庄,即使偶尔出现,终是很少。

第二是土地开拓和农耕的关系。农田的开拓有两种来源,一种是填满人口密集地带旁边的隙地,东汉常见的报道是达官贵人假公济私,开垦未开辟的公地。照理说,凡是没有开垦的土地都是属于国家的,但汉代豪族名义上说是假借公田。在这个时候,奴隶参加生产,是在第一个阶段开荒,而不是耕种生产,所以当大土地开垦初期,劳力的使用是以集体劳动,而不是个别的劳动为主。更显著的是在南北朝时期,常常为人所举的例子是谢灵运的农庄:当他的开垦部曲经过时,好像军队过境一样,以至于地方政府误以为是山贼。另一个例子是宋武帝的诏书,禁止贵族封占山泽。在这些例子中可以看到几个特点:第一个特点是在开垦的过程中需要大量的劳力,几百人或几千人去开荒,但是所开出来的不止一个农庄。南朝的农庄很多,一个贵族常有几十个或上百个农庄，大片土地分割为数十或百多个农庄，每个庄园都是面积不大的小农庄。第二个特点是南方开垦初期的部曲分散，并不离开这片土地，而是散布在这片土地上，等到需要时一声号召又可以把部曲集结为队伍。换言之，主人和他的隶属关系有一种转变，不是永远集中的。这几十处、上百处的农庄代表着开垦时集体隶属的情况，改变成佃户的形态。台湾历史上就有很好的例证。在开拓史上有三个过程，最先是大户过来招募人手，开垦以后就变成他的佃户；佃户本身又有相当大片的土地，不是一个人种得完的，于是再去招长工，形成三层关系。开垦完毕以后的大租户，就相当于南朝的部曲开垦完以后的佃户。为什么会产生这样的转变呢？因为在精耕细作的农业制下，不能容许集体耕作的粗放制，所以一定要给予耕种者一些耕种意愿，最好的办法就是佃户耕好分佃的土地，地主再收租取得利益。所以在中国历史上，佃耕是小自耕农以外最常见的劳力使用形态。正因为如此，虽然有土地兼并，但在人口隶属关系下，中国的农业仍能保持精耕细作生产的水平。

罗马在北非的开拓也走这条路，可是仅止于召集了大量劳力，却没有分散成佃户，还是一个主人带着监工，监工很可能是罗马兵团中的兵士，或是将军的手下。换句话说，他的部曲是监工，没有转变成佃户。在这种情况下，奴主的差异以及阶级关系的不平等造成了严重的社会问题，而农作物的生产量也不会很高,于是更急需获得大量的土地和劳力,这就是罗马帝国不能不扩张的动机。罗马兵团出征之所以如此勇猛,在于上自将军下至士兵都知道征服的土地是属于自己的,将军得到一大片土地,士兵也得到第二级主人的地位,于是会在所获得的土地上落户。这点与中国很不一样,原因就在于新石器时代以来族群结合的选择,中国人选择以亲缘结合,罗马刚开始也是亲缘,但后来就变成利益结合的团体。罗马人的殖民地表面上看起来与中国的屯田很相像,但根本上是不一样的。

第三是种族奴隶的问题。这是由外来的征服而引起的奴隶制度,如此制度与政权、社会形态的改变都有密切的关系。抓一批人手来耕种一些夺来的土地,最现成的例子就是清朝初年的圈地。一个旗人被分配一块土地,把当地的汉人降为奴隶来耕种;可是清朝并没有将圈地得来的土地转化成牧地,而只是收农户的租税。在中国历史上,每一次北方民族入主中原建立王朝时,都有人提出建议,要把中国土地转变成牧地,可是这个建议从来就没有实行过。如果把这些人的土地拿来养牛养羊,这些人吃什么?而政府的收入也有显著的差别。我曾做过一个计算:一头牛吃的草所用掉的土地单位面积,除以这头牛所供应的粮食,包括奶、肉等,折合成卡路里,与农耕得来粮食的卡路里相比为一比九。因此,如果农地转换成牧地,就有九分之八的卡路里不见了,这相当于饿死多少人?又相当于少了多少人当兵纳税?所以北朝时虽有很多外族建议将农田改为牧地,但没有一次付诸实践。

那么种族奴隶的问题在哪里呢?如果要外族的俘虏种田,或是要当地被征服者种田,有两个办法:一个是拴在一起工作,刚刚说过这个办法不太好;另一个就是叫他们自己种,然后完粮纳税。后者当然比较好。中国历史上种族奴隶并不少,但是没有发生过像罗马帝国的奴变。罗马的种族奴隶是从欧洲内陆抓来的,都是集体耕作,永远也不会有自己耕作的佃耕。但中国历史上,奴隶地位可以转化,转化的结果使政权和社会的关系也有基本的转化;等到租户变成固定的生产单位以后,国家就很不愿意私人掌握那么多的财富。国家常常与大地主争夺财产和已变成私属的生产者,而希望将大地主属下的私属转变成编户齐民,所以在南朝和北朝都可以看到政府颁布解放奴仆的诏书。这种情况常常发生在大规模的军事行动前,国家需要兵源时,就解放奴仆和部曲;在国家经济困难的时候,又要解放奴隶,将地租转变为税收。罗马也有解放奴仆的事实,不过罗马往往是因为主人宗教信仰的关系,或是政府要消灭哪一个大的地主或家族,后者遂与中国的现象类似。因为中国不断有国家与大地主争夺兵源、争夺税收的现象,所以中国的大地主始终没有办法达到罗马大地主、美国大地主那样的规模。一旦大地主发展的规模太大，占有人口太多时，就会引起政权的嫉妒，政权会找出种种理由来毁灭他。政权为了增加自己财源而使国家成为秤砣般的平衡作用，国家公权力常要将大农户里面的租户变成编户齐民，这是两千多年来中国农业帝国中常见的现象。

每一次大地主财产充公时都有许多理由，但基本的共通现象不外是公家与私家争夺劳动力，汉代奴隶制中有所谓"私属"，在文献上第一次看到私属的出现是王莽改革的时候。云梦秦简中较清楚地显示，私属是奴隶过渡到编户齐民的中间阶段，属于主人家户，而不能单独编一户，不能离开主人。这个记载使得我们了解汉代奴隶制度本身的转变方向和步骤。有了这个阶段的出现，我们就可以在奴隶制与亲缘团体的两种制度之间连上一个关系，奴隶可以转化为家属里面的成员，但要经过"私属"这个阶段。换句话说，变成私属以后就不能随意买卖。另一条秦简上记载，如果家庭里没有家属成员，那么奴隶中谨良的老仆可以充当家主。后世"三言二拍"里也有以奴隶中优秀者为养子的故事，这点联系上述私属观念，显示奴隶的转变需要经过亲缘化的程序。从这种零零碎碎的考证，我们就可以看出王莽改革的特别意义，在于加速奴隶亲缘化的步伐。

虽然中国有奴隶制度，但因为中国选择亲缘性组织，所以奴隶制度很容易转变为符合精耕细作的形态。

第四点要讨论的是市场网的影响。中国式的市场网是由每一个地区的集散升高到上一层的集散地，再往上升高到更上一层的集散点。这种一层一层的升高，遂建立网络，然后全国的物资经过这种网络而流转于全国各地，构成通盘的供求关系。这种情形，地理学上称为"中地论"（central land theory），在波兰、德国很多地方都有类似的网络。不过中国的市场网长期建立在一个统一的帝国里面，也与永久的设施（官道）连接在一起。中国的交通道路网与市场网是重叠的，这个道路网是线状的网。相对地，罗马帝国也有"条条大路通罗马"的谚语，道路系统却仅止于意大利半岛，半岛以外的地区就要靠水运。地中海有很好的内海水运，但水运的特点，则是点状的分布。内海港口是运输点，没有一步一步的联系线，于是中国与罗马两大帝国交通网的功能也不一样。线状的维系力比点状的要强多了，中国之所以维持这么久的帝国形态，除了政治、社会因素以外，这个地理上的因素可能因大家习以为常而被忽略了。

　　从刚刚讨论的精耕细作农业所引申出来的问题，可以联系到许多政治与社会的课题。首先应当讨论中国由精耕细作所造成的社会力。这一社会力是亲缘的地著团体，在长久的帝国结构中，上述团体的稳定性极强，自我调节的能力也很强。市场网虽会因内乱而破裂，但只是破裂成几个小型的网，等帝国统一的时候，这些小型的网又可以整合成大的网。除了社会的稳定性强之外，社会也可以造成与国家对抗

农业经济

的力量。在长期的结构中,国家权力占了上层的地位,社会权力则占基层地位,国家权力永远无法完全渗透到社会基层里面去;反过来,国家权力的维持要靠社会基层出来的人参与国家权力方可。这种国家常态不是任何粗放农业形态可以相比的,因此在这个常态下,国家权力和社会权力的均衡状态中,最吃亏的就是两者之间的交接点——大地主,因为国家权力第一个要侵犯的就是大地主,而社会力的主力不在大地主。大地主只是暂时凌驾在编户齐民之上,不能长久保持。所以中国的大地主富不过三代,不仅是众子分家的后果,也因为常有灭门之祸。

这个现象可以解释我们常常提出来的疑问,自从韦伯谈到资本主义以后,大家往往从伦理、工作意愿等方面去讨论,而疏忽了纯经济的角度。为什么中国没有走向资产化?从纯经济的角度,也就是从精耕农业的角度来看,资金一方面是分散的,不容易集中;一方面是资金长期束缚在小块农地上。精耕细作的农业,经常需要改良土壤(施肥、灌溉……)以维持生产力,需要长期的资金投入。大量资金遂没办法转化成别的东西,这是中国没有产生资本主义的重要因素之一。我们不能单单讨论观念就忘记纯经济的因素。反之,经济行为脱不开观念。所以,虽然我们谈的是农业经济、精耕细作,但还是要提醒大家,了解任何一种历史现象没法完全切开经济行为和观念的关系,都要联系在一起。

讨 论

问：有人说中国的精耕南北有差，而从战国到魏晋以及宋元以后的两段精耕也不一样，主要是耕作技术、地理条件、作物种类不同而产生的差别。对此您有何意见？第二是魏特夫所说的水利问题，有一派西方史学家认为东方的专制与水利有关，您赞不赞同？

答：我先回答第二个问题。我不赞同水利理论，首先因为历史上很多专制政权都是在水利系统发生以前就出现了，其次水利系统本身在绝大多数地方都不是规模很大的，大规模的并不是为了农耕，而是运输。回到第一个问题。中国各地区各时代因作物种类的增加，土地条件的不同，耕作技术也有种种差异。不过在讲到精耕细作时，只讲劳动力密集的原则，所以局部的差异并不与总的原则冲突。但其中我要特别提出来讨论的是宋代以后有许多专业农业的出现，如茶、木材、棉花、烟叶、花卉等，自然与市场经济高度发展以后才有的高度专业化相关。徽州的专业主要是种茶、烧炭、采木材，照理讲应该符合大农庄中大规模的集体农作，但是没有发生。不过在徽州的文献中有很多契约，是个别的隶属户和主人的个别契约，仍旧回到以个别农户为主的生产。原因是任何一个文化都有惯性，中国已经采取了精耕，虽然仍有机会走粗放路线,却没有走,于是农户常常有两种收入,一是作物收入,一是附带作物及农舍工业的收入,而用主要作物以外的作物来补偿收入的不足。

问:您刚才说东汉奴隶比西汉要多多了,有人说是因为灾害的缘故,在西汉发生天灾的总数只有50多年,而东汉则有118年,所以东汉生活更困苦,这造成奴隶的增加。《四民月令》中对汉代豪族有很清楚的描写,那么,东汉奴隶的增加跟豪族、天灾是否有关?

答:我最近写了一篇文章讲到气候的问题,我拿《五行志》中记载的最寒冷年代讨论民族移动,因此注意到气候的改变。大概从西汉末年开始,中国进入寒冷期,巅峰是东汉晚期羌乱之时。汉朝气候的改变与天灾有相当大的关系,不只是水旱灾害,虫灾、风灾都包括在内。东汉的耕作面积比西汉宽广太多,因此灾害出现的记载也更多,所以统计两汉灾害应该拿东、西汉同一地区的灾害记载来估计才对。当然,奴隶的增加与灾荒是有关系的,不过自然灾害(火灾、旱灾、虫灾……)不会持续很久,如果熬不过去就会有局部的人口流亡。这种短期的失常,并不导致制度性的人口"奴隶化"。倒是劳力不足的现象,可能引发奴役出现。

豪族出现是个大问题。一个长期的统治会出现两种现象，一是统治阶层的贵族化，一是意识形态的僵化，后果是一群特权阶级运用公权力掠夺财富，于是有了豪族。相对地，兼并将一些人赶离自己的土地，其实往往并不是脱产，他们终究还是回到生产上去，所以全国的总生产量没有多大的改变。长期的战乱会造成长期脱产，安定时马上会恢复，有变化的是奴役的农业生产者的生产意愿总是低一点，一直要到佃农身份确立后才会加倍耕作。

国家形态

这一讲的题目虽然是国家形态，实际上包括官僚体制，因为我觉得在讨论中国文化的时候，官僚政治是一个很重要的方面，中国历史上官僚制度与国家形态原是不可分割的题目。

这里我主要讨论的是国家权力与社会权力的拉锯战（state vs. society）。在第一讲中已经声明过，state 与中国的"国家"并不相同，state 在这儿不是作为"国家"，而是一个政治的个体、权力的主体，但也不能称为统治团体，因为它比统治团体还要大。一方面，一群人住在一起的时候，在一定的国土范围内是作为一个权力主体的；另一方面，在主体的后面有个主权，理论上不管君主或老百姓，只要是国民，都是国家里的一名成员，国家在此就是一个集体的法人（personality）。在这个定义下，各位可以知道我所说的"国家"与一般的观念有很大的距离。

"国家"这个观念是在16世纪以后的西欧才出现的。在这种政体出现的过程中历经许多斗争,整个state building或是formation of nation的过程中经历了长时期的融合,将各种社会力量熔铸为一体,熔铸为一种法人的性格。我们在讨论国家与社会冲突时,这一背景可作为借镜。为什么要拿这个观念来讨论中国呢？因为我觉得借此也可以回溯中国古代建国的过程,而且前述欧洲的斗争过程在中国很早就有了。我以前写过有关西汉的社会基础问题,讨论国家与社会之间的关系,所以我今天先从这个观点讨论。

另一个讨论的主题是文官制度（bureaucracy）,在中国传统里指的是有"官"和"吏"的政府。文官制度由韦伯正式提出成为课题,并被当作一种合理的、理性的制度。他强调的文官制度,当是工具性的理性运作。

中国的文官组织来源非常久远,而且最完备、最复杂的文官系统理论早在《韩非子》时代就出现了。但是文官体系却不是中国所独创的,很多古代文明都有过文官体系,只是其理论基础的出现以中国为最早。在文官体系成长的过程中,在其成为一种制度后,就不能改变,中国人也习惯于一个很复杂的文官制度,使其成为中国文化里面一个很重要的文化基因。这个基因直到今天在中国大陆和台湾地区及新加坡等处都还有很大的影响力。以中国本身而言,在长期的演变过程中，文官制度是国家与社会斗争中的制衡角色。中国文官制度的另一个特点在于其不仅是工具性的合理制度，而且有儒家意念掺和其中，这是韦伯在讨论西欧16世纪以来的文官制度中缺少的一环。儒家意念如果被当作意念系统，可能会成为教条。任何东西若变成教条就会神秘化，走上信仰的途径，而不走理性辩论的途径。儒家意念之作为目的而论，也可以相当于基督教意念，是一种信仰；可是倒过来讲，儒家意念并不是上天的神谕，而是经世的使命。在这一点上，儒家意念的神秘性并不强。从这个角度来看，目的的理性和工具的理性相配合，使中国文官系统在国家与社会的拉锯战中，不但有举足轻重的分量，而且也成为国家和社会之间联系的力量。这个特色是中国以外的史学家在讨论文官制度时未能理解到的地方。

现在略述中国文官制度的发展过程。殷商时代，国家组织中已有分职的官员，但还不能称为文官，因为当时的官员多是贵族；国家也不能称为与西方相当的state，因为当时已具有普世王国的形态，没有主权、疆界的观念。此外，殷商时代文武分途并不显著，通常带兵的人是占卜的人，也是过问国家大事的人。至于西周的政府，在几百年发展历程中已逐步把家和国分开，也就是把王室和政府分开。西周政府中有一群专业性的幕僚人员帮助官员做事，所以西周已出现文官组织的雏形。西周也有内廷的出现，亦即担任王室秘书的文官，成为内阁的雏形；西周也有监察人员，文武的分途也慢慢显著起来。所以西周时代是文官体系萌芽的时期。

春秋战国时代，国家的结构逐渐成形，为了在列国纷争中生存，各个国家都有改革内政的过程，以建立有效的治理机构，有效地运用国内的资源。政府中有分科治事的制度。理论方面有申不害言术、商鞅言法，也有慎到言势。这时的列国多多少少有点像16世纪以后欧洲出现的民族国家（national state）。固然中国是一个文化的天下，但在列邦林立的情况下要求生存，多少有点主权的观念；又因为列国之间纵横捭阖，不免有条约，所以国家也是法人团体。战国时代，虽然在条约上看到法人性格，但却没有像美索不达米亚城邦之国家具有人格个体的观念。

有关欧洲国家的形成历史，蒂利（Charles Tilly，1929—2008）曾做过许多研究，从中我们可以发现：他们所关切的问题，正同《左传》和《韩非子》里所谈到的春秋战国时代的改革一样，不外乎定赋税、慎出纳、建立征兵制度、铲除特权，使国家成为共同体。所以说，16世纪欧洲建国的过程与中国春秋战国时代的列国形势其实差不多。在从事比较研究的时候，我们会发现一件有趣的事情，有些东西会有逻辑上的关联性。比如，当国土面积或人口数量达到一定的规模，如果旁边许多竞争的敌体都趋向使自己变得更大，大到一定的程度时，除非走向天下国家，先征服，再共存，这时一方面想办法充实自己的内部，另一方面想办法与邻邦界定某些规则，各邦就具有法人的性格了。在动员资源方面，也不外乎前述如何发挥最大效力，在各个位置上的人如何发挥最大的功能，使治事与奖退人才有规则也有系统。凡此，《韩非子》都已发挥到了极致。总之，治国的目的即在使百姓安居乐业、法律公平、社会安定。这些观念出现在中国，早于欧洲两千年。

春秋战国时期，虽然文官体系在各个国家都建立起来了，不过仍只是个雏形。同时，各国也有国家和社会的斗争，不管是管仲发动的也罢，吴起发动的也罢，都想在列国建国的过程中，扩张国家权力，打击贵族，让新兴的社会成分，如商人、士大夫、专业军人能在国家里有发言权，而文官制度的出现有助于达到这种境界。虽然各国的改革者有的成功，有的失败，却都把文官制度推上了轨道，基本上符合分工合作、划清职权的原则，而且将机构制度化了。

秦始皇时代的文官制度已极为庞大，极有效率。从秦始皇在各地的刻石来看，他也有目的性的关怀，他是要使老百姓安居乐业，这其实与儒家思想并不抵触。固然，秦始皇强调守法，与儒家、墨家的观念并无抵触，不过在整个治理过程中，秦代文官制度终究只是工具性的。

文官制度本身可以继续运作，所以在秦始皇死后，整个帝国的运作仍持续着。甚至在西周共和时期，厉王被逐的十四年中周室也仍然维持得很好，原因在于：即使是处于刚萌芽阶段的、略具雏形的文官制度仍能继续运作一段时间，而不至于立刻分崩离析。

秦朝与汉朝都处于在国家与社会斗争的阶段，尤其汉武帝时大力打击社会势力，不管是朱家、郭解一类的游侠，或是大财主、地方豪强、旧日权势人物，甚至连功臣的子孙都是打击的对象。最后终究是国家得势，打散了社会势力。国家得胜的结果是发展出察举制度，以察举制度提升社会里的新的才智之士参政，使国家（state）和社会（society）有了沟通，也建立了国家的社会基盘。本来是汉代帝权利用新的成分来打击社会中旧的成分，过了一段时间，察举变成了联系国家和社会的桥梁，使各地的俊杰之士经过察举而进入政府；政府的政令也经由各地俊杰之士到达各地，而文官系统也同时获得了儒家意念。于是文官系统在由纯工具性蜕变成兼顾工具性和目的性的过程中，竟蜕变为自成一格的合理制度。这个新的文官体系便不断传承下去。这个体系的运作本身并不要紧，要紧的是甄选的过程。选拔人才的过程，始终普及全国各地，始终想用最公平合理的方式来找人才，也始终要使人才具备儒家意念。这一工具性和目的性兼具的文官体系在中国延续了两千年。

这时，文官体系的社会性格在选拔的过程中出现，它的国家性格和治理机构则在文官体系运作中出现，所以能够使国家与社会形成均衡，发挥制衡的功用。在选拔的过程中，选拔的方法逐渐趋于严格，汉代的察举最后形成世家大族独占。而隋唐时考试的卷子是公卷，宋代改为弥封，到明清之际全国的考试中还有分区分榜，都是想要网罗全国人才，使野无遗才；而且分省分榜更具意义，这是为了顾及全国各地的社会性格。相反地，这一选拔方式也有国家的性格存在，运作时以制衡、考核为手段，不致滥用权力，也不致使组织完全瘫痪。

文官体系所具目的的性格又造成另一种形势：文官体系与王权的对抗。照理说，文官体系应该与国家互补，但因为文官体系具有儒家意念的目的论，所以与王权实际上不断有紧张的对峙。专业的官员总是怀有儒家的理想，碰到不合理的现象时，国家的文官系统就会用社会的后援力来与王权对抗，这也是韦伯的工具性文官制度所缺少的成分。

由于中国的文官体系具有地区的代表性，能网罗全国的人才，因此在与王权对抗的过程中往往并不落下风，所以说中国的王权并不绝对专制。文官体系在国家与社会的对抗过程中，是主要的抗衡力量，具有特别的功能。又因为文官制度选拔的背后有一大群社会精英，他们受过专业训练，等待出仕；但能够出仕者往往只是其中少数，而未出仕的人仍留在社会的一端，站在儒家意念的立场，监督政府的作为。为了培养文官制度，中国同时也培养了一大群以天下为己任的士大夫，带动社会来抗衡国家。否则自从汉武帝打击社会经济势力后，社会上已无足够与王权抗衡的势力，而由国家自己培养出了制衡的力量，这也可说是辩证式的发展了。

中国文官体系在历史上担任很重要的角色，因为中国这么大，不管谁来统治，都一定要有一个文官体系来治理。倒过来讲，文官体系固然有制衡的作用，但也会造就社会上的特权阶级，享有比他们人数比例更为巨大的社会权力。他们既是社会上的精英，同时也是过分享受权力和机会的人群。但这批人不是贵族，又不能称之为统治阶级，他们只是社会上层权力边缘的人群，也是中国政治史上最活跃的一群人。

接下来要讲讲国家与社会之间的几种形态。例如，法国是个国家权力极强的国家，社会权力几乎没有。自黎塞留和马萨林开始就极力打击社会势力，直到戴高乐时代，国家权力绝对高涨。法国国家权力十分中央化，由于法国是以巴黎为中心而成长的，因此地方没有力量。虽然在这个国家内有一个极为制度化、极为工具性的文官组织，但是这个文官组织没有儒家意念，甚至没有基督教意念，只是纯工具性，哪一个人抓住文官组织，国家就必须听从他。拿破仑可以当皇帝，拿破仑三世也可以当皇帝，还可以第一共和、第二共和、第三共和、第四共和、第五共和，法国经常大乱，却没有分崩离析，就是依靠这个工具性的文官体系。法国没有强大的社会力量，幸而文官体系有力量维持国家于不坠。

若以国家与社会各为一端排列各种政体，从国家权力极强，一点点移到仍有社会力量存在的国家是普鲁士。普鲁士的建国是由许多单位合并起来的，因此各地都有地方势力及社会势力。普国的缙绅（容克），相当于中国的士绅，但中国的士绅是文的，普国的缙绅是武的；就像中国的士绅一样，他们很多在地方上有钱有势，但也有些无钱有势。普国缙绅所代表的社会力量构成了普国文官组织最主要的成分，然而普国的文官组织没有中国的选拔体系，只有某些类似汉朝的察举的推荐。缙绅代表社会势力，对文官体系也有一定的作用；同时国家权力并不十分集中于中央，各邦也仍有属于地方的权力。

再往国家—社会延续线上社会的一端挪一挪，则是英国与美国。英、美的议会力量很大，国家权力相当萎缩，地方权力相当高涨。英国的文官体系比美国好，英国文官系统要考试，多少有点保障，也不能随便免职，而且英国的政务官是不随政治走的。内阁部长是政务官，部长是国会选出来的，国会又是地方选出来的，因此英国的社会力量比较强。实际上，英国的治权是社会的行使，政权相对微弱。美国亦复如此。美国只有治权没有政权，国家就是治权。美国的政务官都不是经过考试进来的，而是商人、企业家、律师、地方士绅从政，代表社会力量。从前美国的文官系统有分赃制的恶名，今天分赃的情形稍微好些，可是还是"转门"（rolling door）的方式，今天这个人转出去，那个人转进来；明天那个人转出去，这个人又转进来，社会力量表现在文官制度上。英、美在国家权力方面的萎缩，在法律方面也可睹见。大陆法系的德、法是由国家制定法律，法官代表国家来判罪、解释法律；而英、美是陪审制，由社会来判罪。

国家—社会延续线上，几乎全在社会一端的例子是瑞士，其国家几乎没有权力。瑞士是几个语言群合并的国家，等于没有中央政府，真正的事情由地方政府管理，可以说是纯粹的社会权力当家。瑞士的中央政府是委员会，名义上是多数决定，实际上是协调制。

我从西欧近代的几种不同制度来看中国的长期演变，则中国的国家与社会处于均势。其中的关键，一个是亲缘团体，一个是精耕细作，一个是文官制度。不过我所讲的历史上的现象，亲缘团体和精耕细作至今已难以存在，只有文官体系还在运作，我们更当尽力使文官制度进一步合理化。

我这个系列的谈话，只是想提供另一种角度，把以上的因素摆在一起来看问题。但千万不要相信历史主义，误认传统是不可改变的。我讲这三个原色，是想使研究时有线索可寻，可以看出一个国家的历程中，往往有许多可能性和许多机会，并不一定是非走哪一条路不可。

讨 论

问：我想，在西方文献中对 state 也有不同的定义，如果用韦伯对 state 的定义，也许比较适合中国；如果用马克思的定义恐怕就不适合中国，这是我的第一点感想。第二点是许先生今天所讲的国家组织形态，是从文官制度谈到西方近代国家形态，但许先生在第一讲中提到，在某一阶段中有以亲缘结构作为整合的力量，随着时代的改变，亲缘结构往往会被政治机器取代。许先生能否详述从亲缘结构到政治机器之间的历史发展过程？

答：从亲缘结构到政治个体的过渡期，我想应该是在宗法制度解体时，而宗法尚未解体时的西周是亲缘性的政治体，并不是真正的国家形态，亲缘组织和权力分配在这上面是重叠的。等到宗法解体、列邦林立，也就是国家起源的时候。中国亲缘组织非常强固。中国是以"礼"作为整合的力量，礼出现在国家之前，法则出现在国家之后，春秋战国以前礼大于法，礼与亲缘组织有很密切的关系。

问：您刚刚提到，儒家意念在文官体系形成的初期并不是很占优势。是不是除了儒家在文官体系灌输观念之外，还有其他的思想意念也灌输进文官体系？

答：汉武帝以后，两千年不断的考试内容都是以儒家为主，一直灌注在文官体系中。战国时期的文官取向虽是工具性的，但主要是富国强兵；虽有诸子百家，但不可否认儒家是显学，所以真正受训练的专业人员仍是儒家的儒生，都要把儒家理想作为治国的指针。

问：根据您的研究，对于中国文化是在分裂时代成长发展，还是在和平时发展得比较宏大，可否提出您的看法？

答：中国并非始终在统一的局面下，而分裂的时代也并不很短，约占全史的三分之一。提到经济发展，每个分裂地区都想把仅有的区域尽力发挥所长，所以三国时代诸葛亮南征，吴国劈山越荒野之地，都尽力而为之。从文化的发展说，分裂时代有个好处，就是不定于一尊。可是政治统一的时代也不见得文化思想就必然定于一尊，所以政权的分裂或统一，与文化的发展并没有直接的关系。思想不定于一尊是好的，定于一尊就不行了。中国在康熙时代国力鼎盛，可是在文化上没有生气，艺术也没有创意、没有活力。唯有在思想受震撼、被逼得面临种种刺激的时代，才是最有活力的时代。在没有文化主流压迫时，文化发展力也最活泼。若要有文化发展的原动力，分裂的时代很可能比统一的时代更有利。可是普遍的文化提升要在安定和平的环境下才有可能。

问：在国家形成之时，有一个因素是人民对国家的认同，而刚才您提到中国是"差序格局"，在这种差序下应该会有很多的认同标准，那么能否请您谈谈"忠贞"的观念在中国的发展？

答：中国是个天下国家，所以没有什么认同的问题，只有等到另一种文化到来时，才会产生认同的观念。中国人的忠贞是对于文化而言的。所谓差序格局是个人对个人的问题，忠贞也是以个人为对象。中国人想到的只有文化，而没有国家。而且认同要有一个共同体，当共同体不是很清楚时，就很难产生认同的问题。中国文化的差序格局可以扩大，所以"民吾同胞，物吾与也"超越了差序格局，而与宇宙合一，是个体与全体之间的关系，这更没有认同的问题了。

思想方式

任何讨论都无法包括所有层面，尤其是讨论到思想方式，更是无法兼顾所有层面，今天所讲的思想方式应当和前几次所讲的三个历史发展的基本原色配合起来讨论。讨论以前，先提一下我的老朋友张光直先生的见解（因上次有位同学在课堂下曾问起张光直的问题），并借着张先生的说法回答问题作为演讲的起点。

张先生从考古学或人类学的观点，认为不少民族的信仰中，人和天上诸神，或者人和自然之间是可以沟通的，而且认为神或天上的世界是人间世界的延长，是延续的。但在西方的文化中，人和自然是对立的，神话中人和神是分开或隔离破裂的（rupture），所以西方思想方式是破裂，而中国文化的思想方式是延续。对于张先生这种说法，我基本上是赞成的，不过还有一点须从神话上做补充。

中国在巫术时代，天和人是连在一起的，而西方则是天地分为两截，这是决裂的表现，可以从《旧约》中见到（新旧约《圣经》说法稍有差别）。当亚当和夏娃因偷吃禁果被赶出伊甸园后，人和神便分开了。而自从人被赶出伊甸园后，人和神须靠合约始得重新联结为一。雅各和神摔跤，直到雅各被神捉着腿筋绊倒为止，这场对抗才告结束；但雅各的子女被称为"以色列"，意为"和神抗争"。当时神的世界是神圣的，不同于人类，神与人之间隔着鸿沟，亚伯拉罕以己子之血祭神，表示人类的降服，耶稣以自己的血为世人赎罪，人和神才合一。像这种关键，基本上是从犹太教到基督教才产生的。在古代犹太教以前，埃及和两河流域没有断裂的思想。在两河流域的古代文化中，人和神有相当的混合。在古代埃及，神和人有法老作为联系，而希腊诸神更是具有人类的七情六欲。基本上，西方在基督教、犹太教产生之前应该没有上述断裂观念。这一观念的兴起当与一神观念相配合。

不少古代文明以为神的世界是人世的反映，而联络天神和人的沟通者即是巫者。《国语·楚语》中"绝地天通"的说法说明人和神的世界原本并无分别，直到家为巫史，才淆乱了神人关系，并断绝了神人的沟通。不过，这一思想成为中国宗教思想的一部分后，又有一些修正。第一是绝地天通的观念，认为天地本来就是相通的。天人交感一直是中国思想中的特色，如司马迁仍以通天人之际为理想，造成天人交感、天人相通的思想。可能因为中国文化以精耕农业文化为主，中国人需从天地与自然中讨生活，因而向来自视为宇宙秩序的一分子，并对天地抱着尊敬的态度，敬畏自然界的风、霜、雨、雪，视江、湖、树、石为神明。这种天人合一的思想到董仲舒时发挥到了最高阶段，他认为天上的列星是天上的官属，反映人间社会，气候变化是人类行为的反映。宋明理学中，无复有如此素朴的交感论，但是天人感应的思想渗入佛、道，变成民俗思想的主要部分。天人感应不是神道对人的惩罚或嘉奖，而是一个天人秩序和人间秩序相应共通，其间并没有神意的独断，而是两个世界的拉近。中国人讨论天和神的力量时，无法将神或天化约成单一的人格神，荀子对天人力量提出了最具革命性的说法，主张制天命而用之。

中国的亲缘关系上追祖宗，下至子孙，在时间上是一连线，在组织上是文化的基石。时间的延续表现于历史观。这种心态表现得最清楚的是青铜器上的铭文，铭文上赐命的词句包括善尽职守，不可辱于先祖，并且最后一定会有"子子孙孙永保用"的字样。周天子和属下的感情不但可上溯祖宗，还可下推子孙。两个族群的联系不但存在于过去，而且还要延续于后世。不但王室强调数代感情，甚至"世交"至今仍被视为最重要的友情。这种心态反映于对历史的重视，所以中国成为世上历史书籍最多的国家，不但国有国史，家有家乘，墓志铭和行状也是历史。中国人求"三不朽"（"立德""立功""立言"）便是基于这一心态，不同于埃及金字塔的木乃伊只求时间的冻结，中国人的不朽要求的是时间的延续。

前次演讲提到国家和社会是相辅相成的，国家也是社会阶层面的延续。

杜正胜先生的《编户齐民》对解释中国历史是很有用的。中国历史上的社会，虽然以平等为理想，但中国也有阶级，只是阶级间每每有相当的流动性，而且上阶层的人数极少，社会阶层的流动大体朝向编户齐民的方向走。其所以如此，自然与儒家的民本思想有很大的关系。相对而言，印度是阶级社会，还不只是我们所知的四个阶级，每个阶级和次阶级都有极大的差别，甚至同一种职业的人可因血统、居住地的不同而异，而且阶级之间不像中国一样具有流动性。

以西方而言，基督教世界中的平等观念是近代才兴起的，西欧的基督教世界里以往阶级的划分相当森严。在希腊和罗马帝国，奴隶和主人之间判若天地，不能跨越，更谈不上延续。总之，中国人向来是"富不过三代，穷不过三代"，一个家族的兴盛衰落大多是渐进的，因此中国的社会关系也是延续的，而不是断裂的。

社会关系的延续又可横向扩展。"推己及人""民胞物与"是由五伦观念推延而来的差序格局，也就是以自己为中心，及于同胞，乃至天地万物。人际关系是层层地扩大而不是断裂的。差序格局的关系转变也是渐进的，权利与义务都渐渐淡化。每一个人都是一连串社会关系的中心，层层关系构成网络。我不认为中国人是一盘散沙，中国的社会是由许多的格子紧密地堆叠成全国的大网。在巨大的网络中，每个人都有一定的义务和权利，个人无法在这网外生存，也不能只存在于一个空洞的国家观念之中。

西方中古时代，甚至到现代，都有城乡对立。中古欧洲城乡对立的主要原因是：乡下为原著居民所在，城里本是征服者建立的城堡；商业发达后，新兴都市兴起，城外均属乡下。最早的城乡对立先是征服者和被征服者的对立，以后则是城堡与城市的对立。中国的历史则并无如此对立面，上次提到中国精耕细作的农业时讲到市场网，由市集而至城镇，而至区域性的贸易中心，全国的经济交换循一级一级的集散而构成庞大的市场网。从最高级的都市到最小的三家村小店，一切资金、物力、人才都在这个市场网中流动。传统中国人经商致富一定不忘回乡置产，安享余年。人才的选拔是由一级级向上层流转，甚至地方和中央消息的沟通也在这个网中运作。因此在中国的经济体系中，城乡对立的问题从未出现。

最后我们必须谈一谈中国普世帝国的思想。除非有外敌出现，中国人都有天下一家的观念。虽然普天之下莫非王土，中国的天下仍有五服九服的分野，在中国的最外层则是疏远的朝贡国家，朝贡国之外方是敌对的外族了。天下是连续的同心圆，一层大一层，逐步向四方扩张。

由前面所举的例子，可知中国没有断裂的观念，也没有主权的观念，在思想上没有截然的对立及斗争。关系的转变只是在连续线上的移动。佛教传入中国时，佛教本来的教义是出家人不受政治的干涉，但中国并没有"出世"或是"入世"两个世界的观念，所以沙门是否须礼敬王者遂成为辩论与争执的源起。

原本在佛教的观念中，轮回是一己之事，中国则不然，中国人的功德可以传递于亲族之间，目连救母的故事可为一例。佛教讲求的个人主义和中国的社会网络观，颇不易相容。后来佛教普遍化，做功德不是为个人的来世，而是为祖宗，或则为了替子孙积福荫。于是佛教的个人主义和中国时间的流转，加上亲缘的连续性，形成了中国化佛教的一大特色。

总而言之，中国的思想形态注重延续，而不主张断裂与对抗。延续的思想见于天人之际（兼指自然与人，以及神与天之际）、世代之际、阶级之际、城乡之际及社会关系，都可觇见；两偶之间，由一端至另一端，其递换为"渐"，而不为顿然的断裂。

连续的观念不完全来自儒家，我认为它还有更古老的根。或许其根源即为太平洋地区文化的共通处。所谓太平洋圈，包括的范围是从马来群岛、中国至美洲、玛雅、印加文明。我认为我们的秩序并非完全由哲学家规划，"连续性"的观点当有文化的根源。但为何太平洋圈的其他文化没有全部发展出一套类似中国的观念？我想和前面所提到的精耕农业、国家官僚、亲缘连带都有互为因果的关系，这也就造成了中国传统文化的思想。

讨 论

问：演讲中许先生提到中国思想的方式和中国精耕细作有互动的关系，能否请许老师再详细讨论？

答：因农业生产者靠天吃饭，必须十分注意自然的因素，不愿将自然当作敌人。而人与天是合作的关系，人与自然之间只当有共生与协调。

问：这种解释能以确切的证据证实吗？

答：中国人吃饭时掉了一粒米是暴殄天物，砍掉大树是破坏风水。风水的观念即以人间和天然之间的交互作用作为根本假设，信不信风水是一回事，但风水对人的影响是不可否认的。在农业上，土地、河流都和农业有密切的关系。反过来说，畜牧业逐水草而居，就不必如精耕农业般地注意风水。其实，中国人这种讲求风水的观念，不但在农业上讲求环境的保存或是防风林的种植，甚至在这互相为用的观念下也影响到中国的庭园建筑，将外面的景色移至家中，讲求借景、补景。自然与人的生活可算十分切近。

问：基本上我同意许先生的意见，但对许先生的举证稍感疑惑。因为我的硕士论文提到汉代的巫，天人感应相当明显，也有报应观念的存在；但是汉人认为鬼神一样是有生命的，也一样会死亡，人若是有法术也可和神对抗，利用咒语符箓控制鬼神，或是经由修炼达到与鬼神平等甚至超越鬼神的地步。我不知许先生天人关系和谐的出处何在？

答：在中国，天人感应有两个层次，一是董仲舒的天人感应，但此说下层仍有许多粗糙的成分。在汉代不少地方有不同的巫术习俗，在武帝时都进入汉宫。汉朝的巫来源极为复杂，不是只有一类。因此有和谐的天人相应，也有咒术制鬼的一类，而我在论述时无法讨论到细节。至于人和神的关系，神是以俗世的道德思想为准则，他的力量来自人。一个死者精力强毅，取精用宏，死后可变成强大的鬼，鬼的力量也是来自人类。至于你提到汉朝可以杀鬼，汉代的观念，人死为鬼，鬼死为聻，鬼也是会"死"的。

问：我对许先生所提的佛教有几个观点：第一，根据佛教的教义，做功德是七分为自己，二分为世人，一分为子孙。我认为功德和大乘佛教有密切的关系，也就是和印度佛教本身有关系。第二，我认为佛教中国化最基本的问题是民间的信仰通俗化，因为高僧大德所关怀的是出世，而民间则是现世的问题。

答：我同意。佛教中愈是理论的部分，保留原来的色彩愈多。但中国大乘佛典很多不是来自印度，而是自造。你提到的佛教世俗化就同今日基督教世俗化一样，若基督教不能中国化，即无法在中国扎根。我也注意到佛教的改变，甚至失去了原样。但是总有些人注意原典，高僧大德即是如此。至于民间的佛教，就完全不同了。中国的佛教是终究脱不开中国文明的影响的。一个人出家即和家庭分离了，即使第一个比丘尼是佛祖的姨母，而太子妃为比丘尼，佛陀与她们已不是家人。至于功德，有日常做好事或是仪式上的功德，佛教是说诸恶不做，众善奉行，众善遂与中国人的道德观相契。以中国的观点来看，出家是不孝的，所以有目连救母的事迹。我所提的佛教的转化，基本上不是从佛学的经典来观察，而是以史家的角度来探讨。不过，佛教转变后对中国所产生的影响应由人类学家、社会学家等共同来研究，而不是史学单方面的责任。

问：我有一个粗浅的想法请教许先生。中国思想的方式是延续性的，而此特色的来源之一是精耕农业，你也提到天人相应的问题，并以为荀子的勘天论是偏统。我想，若以精耕的农业文化来说，汉代天人感应的观念最盛，但精耕农业并不盛行。我在研究荀子理论时，荀子认为人可制天，不一定是宰制的意思，依我个人看来是与自然配合、利用自然。所以荀子的说法是否影响后代对自然更理性的应用，不知许先生对此的意见如何？

答：我对此有所保留。因荀子的勘天与制天之论是制天命而用之，利用自然、制服自然而不"顺天"。《荀子》和《吕氏春秋》不同，荀子未对农业有所论述，而只是将自然力量用于人间。大家都知道王阳明格竹吧！他的态度是反躬自省、天地和我合一，我和天地是同一主体，此和牛顿以理性态度观察客体的自然，并不一样。至于汉代的农业，事实上已具备精耕细作的基本特性了。

问：对许先生的意见有小小的更正：（1）佛教也有孝的观念，如佛祖成佛后马上向母亲说法，只是到了中国有所改变。事实上，初期比丘尼还可在寺院中扶养父母。（2）我认为功德脱离不了轮回观念，一般人布施三宝，君王保教皆是如此；不过倡功德之说，也可能在北朝佛教受到政治的迫害。

答：你认为北朝有许多的功德是对的。孝的观念也有道理。虽然印度在佛教以前，视每二十五年为一阶段，共有四阶段，第一阶段受教育，最后老年受公众布施奉养，奉养的责任在社会，不在家庭。他们家族的观念和中国不同。中国的家族是讲求种族的延续。"不孝有三，无后为大"，使家族发达才是真孝。佛经中的"孝"字，有些是在原典中"敬重长者"的"敬"字译文。比较早期与晚期的译本，颇可觇见佛教思想中国化的过程。

转型期的发展

任何文化历史都会有转变，只是转变的过程像是抽刀断水，切也切不断。转变必是持续的，也不能有单线的演变，因此要确定真正的转变期并非易事。一个史学工作者选择转变期本身作为观察对象，也是主观的决定。若在一定的时段里，在不同的历史现象上均有改变，这时段大致是转变期。许多同步进行的改变大概都有相互呼应的关系。过去的史家总想要追寻一个因素，视之为变化的主因。其实，难得有任何一个单一的因素能造成大幅度而又长期的改变；一定要在许多因素辐辏在一起时，历史的转变才会呈现波澜壮阔的长期影响。单一因素，并非不能在某一时点上造成某一特定的后果，然而在整个历史上，任何单一的因素，不能永远是历史发展的导因。

我的研究方法，总是在一个固定的时点上切一横断面，在下一个时点上再切一个横断面,然后比较这两个横断面的相异之处,再在其中寻求变动的主因及变化的现象。因此我这工作最重要的是选时点,而选时点则往往取决于个人的主观意识,甚至带有冒险性的意味,有时也可能因为原选的横切面不恰当而导致观察结果错误。因此,历史研究的主观性使历史学无法成为精密的科学。

近年来,我与一群有志于做文化比较研究的同仁经常聚会。我们尝试着以不同的文化的发展,观察三个阶段的特性:一是突破,二是转化,三是僵化。世界上几个主要文化都有一次以上的突破。有些文化也曾经历较为剧烈的转化,若是转化没有外来文化或新文化加入的刺激时,有人称这种情况是"衰老"或"失调",但都不是特别恰当。也许更恰当的名称是"结晶"或"僵化"。晶莹的钻石是十分固定的结晶,内部分子排列已难改变。因此结晶化可有双重的意义:一方面,其内部的结构达到高度的完美;另一方面,也是结构的僵化。结晶本身就带有辩证式的命意。今天我便以这几个名词:突破、转化与僵化,讨论历史的变化。

所谓的"突破"是雅斯贝尔斯(K. Jaspers,1883—1969)提出的。雅氏是哲学家,他本身对历史的了解是直观的。他认为人类在文明之初,并无反省的思想,直到某一文化的成员对生存的意义提出问题时,人类的文明遂得以出现。他认为突破时代是在柏拉图、苏格拉底、孔子、孟子等在世的时代,这些人物都提出过超越现世的问题。我对于他的说法并不十分同意。在主要的突破发生之前,各处的人类都已问到生死的问题。约在公元前两千年两河流域的《吉尔伽美什》(Gilgamesh)史诗中,其主题就是对于人生必有死亡提出严肃的讨论。我认为中国最早的突破是在商周之际,但这并不意味着商人未曾提出超越现世的问题,只是其问题在当时并不具体而显著。但在西周克商时,周人也许为了反省,也许为了宣传,常探讨一个小邦(周)能克服大邑商的问题。最后周人的答案是商人的道德低落,而周人的道德凌驾于商人之上。因为上帝做了判决,上帝的地位及作用也改变了。在商代时,上帝是商人的部落神及宗主神;但周人的上帝是普世的上帝,也是道德的维护者及裁判者。天命靡常,唯德是亲,上帝是公正的。这一突破的重要性,实在孔子学说之上。天命的观念,第一次给予生活在世上的意义,也使人的生活有了一定的道德标准。

两河流域的古人寻求个人的生死之间的意义,中国古人则寻求天命的集体性,昊天对每一个人都是监临督察的主宰。以天命观念为基础,开始周八百年的文物制度、道德基础,而且为孔子时代主要的文化突破奠下基础。

下一个突破的阶段发生在春秋战国时。当时礼坏乐崩,宗法制度崩溃,旧有的体制无法满足实际需要,必须寻求新的突破。孔子为当时的人找到了新定点。孔子这一次的突破在于将人道普遍化了，将本来行之于贵族的礼乐观念普化于大众之间。

西周礼坏乐崩的情势，基本上是周代宗法制度的崩溃，西周开创的文化已经僵化了。初具雏形的文官制度也渐渐取代贵族的统治，封建宗法制度的原动力已经不足以维持其运作。单凭德行的天命观无法解释社会的种种现象，时代需要有一套新的思想。中国长期思想混乱，到了秦汉时儒家和刑名法家合一，才真正重新整合。整个春秋战国，是历史上少有的变动期。这一时段，中国受到外来的文化影响很小。虽然有南方楚国文化的刺激，但严格说来楚文化的基础原来就是中国新石器文化，算不上是外来的因素。

罗马在政治上的统合比思想的统合久。罗马世界政权和宗教是分开的，所以当人们问起宗教和政权的关系时，耶稣说："上帝的归上帝，恺撒的归恺撒。"基督教的传布是由边缘进入核心，而中国文化的传布则由核心扩散向四方。儒家官员始终带有传教士的任务，传播中国的思想文化。中国的政治和思想体系是整合的，内圣外王思想即为政治与思想整合的说明。秦至西汉，配合统一的帝国体系，中国的思想界也费力整合思想于一个一个完整的体系。在学术著作上，《淮南子》《吕氏春秋》《春秋繁露》都是思想整合的产物；在政制上，郡县制度更为中国定下近两千年的基础。但是罗马帝国又不是如此了。罗马和帝国各省及属地之间的关系，因地而异。它们和罗马帝国分别订立条约，厘定其对于罗马的权利及义务。两相比较下，整合的观念深深影响了中国人，于是中国人总希望一切井然有序。整齐划一的形式，往往易于导致僵化。中国文化的僵化，每每从内部产生。传播文化的儒生，无法和政治分开，他们变成社会上阶级最高的既得利益者。本来良好的察举制，在东汉竟一变而为贵族维护权利的工具。思想上，经学成为官学（正统之学），一般士子沉溺于旧思想中，无心旁求新思想泉源。旧思想既无法满足一般人的需要，自然也不再能维系人心，天下遂面临崩溃。因此东汉的灭亡，黄巾、羌人起义固然是原因之一，但最根本的原因是东汉内部僵化。党锢之祸是东汉儒生士大夫的大劫，但是其中的领袖也不过是孔融或刘表等一类人物，并不足以扭转乾坤。当时真正的杰出人物是在正统思想体系之外的荆襄集团。所以在儒家僵化之后，东汉的灭亡难以避免。

南北朝又是一次历史大转变的时期，变动的剧烈程度只有春秋战国时期和近代的大变化可与之相比。此时，秦汉完成的整齐划一的体制崩溃了，佛教的影响填入空白，导致儒家思想的变化，为宋明理学之兴起开下先河。南北朝时期为转变的前期，变动最大，而转变的完成是在唐朝。外来的文化与思想传入，使得中国思想又一次大突破。但是，从另一个角度来看，外来文化也未能完全征服中国的思想领域，外来思想仍配合中国思想同步发展。就整个历史来看，18、19世纪以前，中国很少再有如南北朝时如此激烈的改变。

将中国的大转变和地中海世界相比，其结果甚不相同。罗马帝国在灭亡后，欧洲未再出现真正统一的大帝国，而中国则经过南北朝的长期混乱又出现了隋唐统一的帝国。在思想上，虽然儒家思想不再一枝独秀，儒、道、佛三家却有相当程度的交换与整合，而形成新的中国式思想。

我前面曾提到中国文化有三原色，这三个因素当是中国能再统一的原因。亲缘组织团体使中国人在动乱时期仍可凝聚在一起，团体发挥了保护个人与控制个人的功能。精耕细作的农业也不允许任何奴役制度长期存在，其高度生产力，端赖耕作者的自发工作意愿，奴隶制不足以臻此。所以南北朝时期，有一次次的奴隶解放。唐代虽仍有社会阶层化的现象，但不论如何唐代没有大量人口转化为奴婢。中国国家和社会间有紧张的制衡关系，然而所有的资源经由全国性的经济网络呈金字塔状集散。中国的文官制度，配合了经济网络，使人才也做全国性的周流。同时，文官体系的意识形态始终统摄于儒家思想之下，其强烈的文化使命感及天下一家的观念，也是促使中国保持统一的要素。

中国历史上最近的一次大转变发生于鸦片战争以来，而且至今尚在进行之中。鸦片战争以前，中国是否会崩溃一直是争持不下的问题。当前中国大陆史学家也讨论：资本主义是否在中国出现？若没有资本主义会如何？若有资本主义的出现会维持多久？而鸦片战争以后的改变是否使中国有转变成另一种国家形态的可能，还是中国有可能被外来的势力击毁？

我个人的意见，认为传统中国的体制到了清代已在改变。此时经济开始走下坡路，生活水平因人口过多而无法提升；单位生产量虽高，却赶不上人口的增加；在政治上，整合愈整齐，思想也愈僵化。在思想中虽有明清之际少许的反动，但基本而言，从乾嘉以后，除了做补注的工作外并无活力创造新成就。学术的烦琐化也可和东汉时的经学相比，甚至艺术品也因缺乏活力而由装饰的技术所取代。所以我认为，到了19世纪中国文化已经僵化了。

从明清以来一连串的内乱，也看得出来中国固有的思想无法给予他们充分的回答。不少叛乱的集合都有邪端异教作为理论基础，实在是因为正统思想不能满足现世大众的思想需要，而邪端异教的另一个"来世"却是另一种承诺。（事实上这种对现世的不满，追求另一种精神的凭借，不仅在历史上实现，现在的台湾地区也因此出现许多新教派。甚至美国也是，相信"盖亚那"集体自杀的事件大家一定都还有印象。）总之，从19世纪以来，中国体系的崩坏到现在，已有百年的历史。在这转化的过程中，如西方文化，对我们而言是一大冲击，但西方文化本身也正面临僵化的趋势。我们今日的文化改变，实际上遭逢了双重僵化的问题。总之，世界的未来，也在另一个突破的前夕。

讨 论

问：前几次演讲提出三原色的说法，有精耕农业文化，才有天人合一的思想。重视亲缘组织就容易讲求伦理，而国家结构也配合这样的社会结构。但是这三原色在1840年以后，历经这样大的变化，原色已有改变了。

前一阵子我看李泽厚先生谈中国的古代思想，很巧地也提出您所提到的三要素，并感叹此三原色已不存在了。从这点来看，您对当代许多人所谓的儒家伦理有何看法？我想他们的谈论应该和当今社会思想配合。

答：我想你说的是金观涛，不是李泽厚。金先生其实不重视小农农业的正面作用。19世纪以来，大陆的三原色已丢了两个半，到了台湾地区又丢了最后半个的一小块，剩下的一小部分只是亲缘，而亲缘的关系在都市化的过程也丧失得差不多了。所以三个原色已丧失殆尽。我这五次谈话，事实上是做历史性的回顾，解释中国几千年来的变化和前因后果。

我们知道，任何思想文化都可以发生转化，但必须有配合的条件。世界新文化必须落实于人间，不可有神话色彩。儒家便符合这一项条件。儒家也不像犹太教有种族的区别，而可以超越到中国以外的地方。儒家所谈的差序格局不是完全的个人主义，却也不是集体主义。在今日集体主义和个体主义冲突的时候，儒家的思想恰能兼顾二者。凭此儒家便可超越中国，适应世界新文化的需要。基督教文化的困难，在其排他性；而儒家的人间性及包容性，则是其扩张的有利条件。

世界文化的另一主流印度教，则永远寻求个人内在的宁静，无意处理人与人之间的问题。在今日工业社会，任何一个人都无法离群索居，要达到高度个人主义是很困难的。只有高度厌倦组织化的人，在面临选择的时候，才会选择宗教。所以印度教无法和中国的儒家相比。伊斯兰教唯一真神的观念及其道德要求，实与基督教同科，也面临同基督教一样的困难。由上述来看，儒家是最可能转化的。

但是儒家要如何转化呢？我想这工作不能只是解释而已，而且也不是一个人或少数学派所能完成的，必须集合众力才能完成。我们今日所处的环境有点像春秋战国时代，旧有的系统崩坏了，要重建它必须守在人的通性下，才能解决问题。

问：所以您在面对三原色失调后，还是肯定儒家，刚才您问杜先生,他说他不是儒家。他不是,那么我们下一代当然也不是了。而您讲儒家的转化,是不是指我们个人须相信儒家?而您对此是否有信心?又将如何进行?

答:我想,借着现在大众媒介的传播可以使儒家转化。至于你刚刚问我是不是儒家,或是今日台湾儒家是否受重视,我想今日台湾虽在课程上有基本文化教材,但我认为效果不大,徒然引起反感。我身在美国,但从小就在家庭环境中接受儒家思想熏陶,所以我看儒家问题时,兼有局内、局外的身份。以局外人来看,现在的社会充满了困惑、迷惘与痛苦;以局内人来说,我又必须在那社会里过日子。美国文化也在僵化之中,但美国是多元化的社会,并不排斥外来文化。在美国可以反省本身文化,也可以和其他的学者沟通、交流。我和艾森斯塔特(Shmuel N. Eisenstadt, 1923—2010)诸人在一起讨论,是使他们想到在整合文化时除了犹太教、印度教或古典主义,仍有极重要的儒家存在。

今日在做整合工作时必须群策群力地合作,我们不可能再期待一个先知的降临。总之我认为,儒家可以转化,但是不可能统一世界的思想,却可提供给世界另外一个角度及另外一些意见,如同佛教不可能统一中国的思想,但能帮助中国渡过东汉以来的难关。19世纪以来,人们极度迷信科学,20世纪初胡适先生也提出德先生、赛先生的说法,至今仍有不少科技人员有此倾向，但也有不少人做出反省。

现在转化最重要的是学科之间要相互影响与对话，然后再普及于大众。不可否认的是，以美国而言，学术专题的讨论要普及到大众至少要二十年。与科技方面的学科相比，人文与社会的发展较慢，社会投入的资金也少，甚至出版一本专书，也不是易事。因此，虽然人文学科有创造及转化文化的重任，其中的困难也实在不少。

离话题已远了，但最主要的目的是在说儒家不是一定要走上灭绝之路的。

问：那其他各家是否非走上灭绝之路不可？

答：其他各家也可转化，但也各有其自身的限度。

问：我所指的各家是指诸子百家。

答：事实上诸子百家已统合于儒家。在春秋战国的时候，诸子百家已和儒家对话。

孟子的言语向来夸张，他说天下言论不归于杨，则归于墨，事实上儒家还是当时的思想主流，否则不会成为百家对话的目标。儒家强调个人修养，讲求仁；墨家具有社会感，孟子在墨家的刺激下，提出义，作为社会和个人的关系。法家派系众多，直到韩非子之时才归于一统，而韩非子所寻求的政治社会，和儒家也是互补的关系。至于道家，始终和儒家处于对立的状态，但它和儒家的关系也可说是阴阳互补的关系。

若以武侠小说来比喻，儒家是少林寺的练功者，诸子百家是铜人，儒家便在这铜人巷中不断地接招喂招而成长。儒家在历史上所遇到的最大铜人应该是佛教，但是儒家也因此练成新招式——新儒学。其实佛教和儒家一样也可以摆脱其自身的限制。禅宗即是突破佛教樊篱的佛教，只是在这过程中禅宗始终留在僧侣与学者的手里，无法像儒家一样深入民间。

今日儒家所面对的"铜人"是各种现代主义，这些主义本身也有必须度过的转化过程。若能打倒这些铜人，儒家必须有新的调适。儒家的转化绝不是几个文化基本教材就能做到的，今日首要工作是重建儒家的价值观。以五伦为例，就很少提到男女之伦，这也是当今社会重大的问题，面对这点，我们可以用原有的朋友之伦转化。

问：您刚刚提到僵化的问题，是否它们在内部的逻辑有辩证性的关系？是否每一个文化的内部都有使文化走下坡路或崩溃的倾向？此外，是否能请许先生讲一讲每一次僵化的发展的过程和架构？

答：以我的观点来说，儒学在中古的复兴是在佛教的影响下所产生的突破，这是孔孟在春秋战国时代所做的突破后的第一次转变。至于你提到的每一次僵化的架构，我还不能完全体会你的问题的性质。如果是指每个时代内部各项问题是否有相互的关联，则当然有关联。中国的社会和国家是重叠和制衡的，政治和文化不分，所以思想往往和政治特权结合，而导致思想的正统化。少数的知识分子成为社会少数的贵族，他们为了保持既得的利益，和政治权力结合，以致本来应是思想的先锋者而沦为政治的保镖，丧失独立的开创性而成为保守者、守旧者，终于导致社会制度及思想的僵化，在学术上只是从事烦琐的注释工作。在汉代"粤若稽古"四个字的注解可以长达数万字，而乾嘉之学也是在小问题上转圈圈，这就是僵化的现象。幸而儒家有一个最大的优点，就是永远有一批在野的儒者以儒家的思想体系为标准来批评现有政制。

问：您刚刚提到人文学科发展的困难及迟缓，也提到学者之间也有沟通的困难，令我觉得讨论人文学科的问题是否和科技的沟通不同？而人文和科技的对立又要如何解决呢？社会当如何支持人文的发展？

答：单以科技来说，这问题就很难解决，在今天是以技领科，科学的发明大部分是因应社会市场的需要而生的。至于谈到对人文和科技的支持问题，以今日美国而言，科技人口和人文人口的比例悬殊，资金的投入更不成比例。造成这种偏差，实在是资本主义的后果。而在人文学科中，经济最吃香，也是由于资本主义社会中市场的需求。在社会中大家强调的是实用而不是思想。以今日大学课题来说，我们认为应提高人文学科素养，我们必须做极大的努力，说服社会，也说服学术界的同仁。市场挂帅的今日，人文学科各系所得到的支持实在太少了。在学术出版界也有庸俗化的倾向，学术性的书籍不受欢迎，倒是庸俗之书大为畅销。这是当前的困境，也是我们必须面对的挑战。

下篇　传统中国与社会

秦汉以来,占据中央区域的中华民族这一支主干,由无数的单元陆续混合,犹如无数小溪经历重重山陵,终于汇成奔腾巨流——完整的中华民族。

中国古代民族的融合

中国是一个大熔炉,从秦统一天下以来,中华民族吸收了长江以南的蛮、越、僄、僚等族类,这一个过程由秦汉开始,经过东吴,以迄南朝,方才完成。自汉末以来又陆续容纳了西、北、东三方面的少数民族,在晋掀起了所谓"五胡乱华",但经整个北朝,隋唐统一时,这些民族已经泯然无迹,完全融合在中华民族之内。辽、金、西夏、元、清又把满、蒙古、藏、维吾尔各族同胞引进中华民族的大家庭。

但自秦汉以来,占据中央区域的中华民族这一支主干,也历无数汇聚融合的过程,由无数的单元陆续混合;犹如无数小溪经历重重山陵,终于汇成奔腾巨流——完整的中华民族。

这一初期的汇聚融合过程终止于春秋战国时代。本文想说明的就是这一段概势。因是泛说,论证从略。作为主要依据的是故校长傅孟真（斯年）先生的若干论著，以及各位师长平时的教导指示。尤以受李玄伯、董彦堂、芮逸夫三师之赐为多；诸师之惠，敬此致谢。至于傅故校长劳瘁以逝，未能如愿完成古代史上若干著作，则不仅为笔者个人有山颓木坏之痛而已。

在更早的时期，历史迷失在迷茫的云雾中，只能依稀作些推论，难有明白的迹象。因此本文的开端当在夏商之时。

先说中国的地理概势。中国东边邻海地区，北自松辽，南迄浙江，有一片广袤的平原。在地形图上，这是一片绿色，除了山东半岛上有一点淡褐的山地外，其余几乎都是一二百尺以下的平地。但山海关外因为热河山地的隔绝，成为另一单独地区；南逾淮水又出现许多河流港湾。因此整个呵成一气的平原只包括豫中以东的地区。由豫西上连山西的太行山，下接川鄂间的丛山，又把甘肃以东、山西之西，划为另一具有高山及河谷的地区。而汉水淮水以南，古时云梦、具区诸泽，又呈现一种完全不同的地理景观：雨量多，河流沼泽多，黑沃的水田代替了北方的黄土，舟楫代替了车马，材木鱼盐之利胜于北方不啻倍蓰。这三片不同的地区恰好为中国古代史上三个主要族系提供了活动的舞台，尤以黄河平原上演的是主戏的部分。

首先出现在河济平原上的是祝融八姓，据李玄伯先生推断,他们是"屯居黄河左近,北以卫为中心,南以郑为中心,确系中国的旧民族"(《中国古代社会史》页23)。据说虞以前的陶唐氏就是祝融族中一份子。但是祝融氏在夏商两代,西受夏系民族的攻击,东受夷系民族的侵袭,到周时已被翦灭得几乎销声匿迹,不是弱小,就是处于僻远,所谓"其后八姓于周未有侯伯"了。再度煊赫要待诸春秋时的楚国了。

现在让我们回首西顾:山西的汾水流域及河南的伊洛嵩高一带是所谓"夏墟",也就是唐叔的封地"晋"。在这一个区域,居住着一群部族,总名是"夏",因此他们的领袖部被称为"夏后氏"。在他们的传说中,始祖是一位治平水土的大禹;水土既平,人民才能从事耕种,因此这一族和农业有点特殊的关系。这一族人以他们的故土为根据地,逐渐向东方发展,势力竟到达了河济一带,进入中央区域。从河济外迁的祝融八姓,其最大的部分却被晋南的夏势力吸收了。这一批八姓人众,带来河济部分高超的技术,他们融入晋南,对于夏文化的茁长,有极大的帮助。

在淮济以东,山东半岛上接蓟辽,就是前述的一片濒海大平原。这里的居民是一群以鸟作图腾的族类。凤姓的太皞后裔以凤鸟作为图腾。据说他们的祖先伏羲氏曾经发明过八卦及熟食,但更值得纪念的似应是"作结绳而为罔罟,以佃以渔,盖取诸离"(《周易·系辞·下》),使这些濒海民族能以渔业作为主要生产方式。太皞集团在周代已所余无几,但仅存的几个小国仍能因为他们久远的历史而被人尊敬。

太皞之后居住于此区的是少皞集团。据《左传》昭公十七年的记载,少皞后裔郯子曾自述祖宗之制,说明少皞集团中有凤鸟氏、玄鸟氏、伯赵氏、青鸟氏、丹鸟氏、五鸠、五雉、九扈等各部族,都是用鸟作为图腾的。在春秋时,少皞之裔除郯外,还有徐、莱、江、黄、费、群舒、六、蓼等,而商末的奄更曾久留于鲁境。有一支在商初随商西征夏后,"在西戎,保西垂"(《史记·秦本纪》),是秦赵王室的始祖。这一族类的文化不低,据说曾经发明弓矢,而他们的英雄伯益、皋陶等在中国历史上也是大名鼎鼎的。

这一群东方族类曾屡次和西方的夏系争胜,据傅孟真先生排列,曾有夏后启与伯益之争,及羿、皋二宗与夏后相、少康之争("夷夏东西说")。但东方的最后胜利犹须等待商的兴起。

商是用燕作为图腾的部族,所谓"天命玄鸟,降而生商"。商人原本也许居住在幽蓟一带,到汤时开始强大,首先吸收了少皞族群中的葛姓,然后逐渐征服整个东夷区域。商再凭借东夷的人力物力,向西打败夏后氏,据有中央区域,夏后故土的民族也只能降服于商人。

商虽进入河济区域,但盘庚以前,都城屡迁,农业不可能有良好发展。直待盘庚迁殷,才有定居务农的事,但渔猎仍是重要的生产方式。因此国都附近仍保留大片猎地供商王驰骋，猎获的禽兽也动辄以百计。商人仍以部团为重要政治单位，但商王也有相当不小的权力；他们大致兄弟共权，但长支的优先也已抬头。商的生活相当优裕，铜制的器物异常精美，居所也极华丽，出行有牛马所驾的车，宗教有繁复的祭祀和占卜仪式。商人的性格则因为优裕的生活而耽于逸乐，盘游饮酒成为风气，终于引来了敌人的攻击，而敌人加诸其身的罪状正是："不知稼穑之艰难，惟耽乐之从"。

在夏后氏的故墟上住着一群知道稼穑艰难的农夫。姬姓的周人和以羊为图腾的姜姓也许是一族的两部，他们居住在渭水流域，离夏墟不远。他们称夏为"时夏"，正如他们自称"时周"，有时甚至干脆自号"区夏"；由此看来，这一族属于西方夏系是极可能的事。周人的祖先后稷是谷神，曾经"教民稼穑"，因此这一族不独以农立国，而且以农自豪。农业民族的个性比较严肃踏实，因此极看不惯商人的"耽于逸乐"，也因此能有计划、有步骤地实行"翦商"。他们最初服属商王，卜辞中曾有"命周侯"的记载。但卜辞中同样有商周战争的记载，可见两者间的关系并不十分融洽。在商末时，周人开始强大，一面吸收商人的文化，一面逐步向东发展，经营数十年形成对商的包围形势，然后乘商王纣对东方、北方有战事时，大举伐商，结果是商纣自杀，周代商成了天下共主、各国的领袖。但是东西相争的局面还未完全平定,尚需一段漫长的岁月,方才能把夷夏熔铸为一。

灭商之后,西方似乎战胜了,但是东方的势力仍不容忽视。东方仍是商和奄的区域,周人不过留下了三个监视者而已。不幸,监视者和倒下的失败者竟联合叛变,周公费了三年的时间方才平定东方。从此周把自己人分封在东方的各国间,交错分布,控制住这一片新征服的地区。西方的民族在东方的土地上扎下了深根,此后方才有数百年间广泛的接触和安定的交换,把两个民族的文化混合为一,构成中原的文化。

这时江汉之间那群被遗忘了的祝融后裔又将进入主要舞台,扮演被中原文化吸收的角色。祝融八姓在夏商之时处境窘迫,同时面临东剿西伐,结果只剩了避居在汉水以南的芈姓——楚。祝融族群在古时文化固不低,但自东西两系出入中央地区,交织成一个中原文化后,祝融文化就相形见绌了。但由于地理上的安全和出产的富饶,他们仍能保持文化的独特性。张荫麟氏曾有一段极优美的描述,可以引来一读:"这两种的安全使得楚人的生活充满了优游闲适的空气,和北人的严肃紧张的态度成为对照。这种差异从他们的神话可以看出。楚国全族的始祖不是胼手胝足的农神,而是飞扬缥缈的火神;楚人想象中的河神不是治水平土的工程师,而是含睇宜笑的美女。楚人神话里没有人面虎爪、遍身白毛、手执斧钺的蓐收(上帝的刑神),而有披着荷衣、系着蕙带、张着孔雀盖和翡翠的司命（主持命运的神）。适宜于楚国的神的不是牛羊犬豕的膻腥，而是蕙肴兰藉和桂酒椒浆的芳烈；不是苍髯皓首的祝史，而是采衣姣服的巫女。再从文学上看：后来战国时楚人所作的《楚辞》也以委婉的音节、缠绵的情绪、缤纷的辞藻，而别于朴素、质直、单调的《诗》三百篇。""楚国的语言和诸夏相差很远，例如楚人叫哺乳做穀，叫虎做於菟。"

在春秋初期，楚国开始强大，逐渐把汉上诸姬吞灭，而且浸浸有经略中原的意思。幸而齐桓公联合中原加以抵制，方才压灭了它的欲念。但楚始终是春秋时各国的敌人，楚也始终不向周王低头，因此以前东西相争的局面一变而为南北相争。东西联合称为"华夏"，把南方的楚斥为"荆蛮"。事实上，早期的楚在文化上确实相当落后，例如有一次楚国打败了鲁国，鲁国的赔款中包括一百名织工和缝工。但经过了三百年的陶熔，楚国不仅消化了中原文化，在许多方面居然极有成就，例如建筑；而楚国的强大始终被诸侯畏惧。

春秋和战国确可称为中华文化的陶熔期，在这五百余年中，我们不该遗忘还有许多分散在各处的少数部族。当夷、夏、祝融已融合成中华文化后，他们的弟兄却依然滞留在较原始的阶段，例如姬姓的骊戎、姜姓的姜戎、夷人的莱、祝融的蛮芈等。他们的生活颇异于中原开化的各国，正如《左传》襄公十四年所说："我诸戎饮食衣服不与华同，贽币不通，言语不达。"但是广布在各处的数十种戎狄蛮夷，到春秋末期都已不见。在战国时，中国文化所被覆的区域已不再局限于河济，而须兼包北极幽燕、东抵山东、西尽陇蜀、南包楚越的广大地区。春秋战国时分裂的各国，表面上造成中国的分崩离析，事实上战时广泛的接触，使中国各地区间有更彻底文化交流的机会。经过了春秋战国，各地的族别观念消除殆尽，继起代之的是一个中国的整体意识。

  由上所述，可见中国古代虽有三个主要族系，但是三族相继出入于中央区域，陆续遗下本身的文化，使后来者继长增高，掺入新的因素，再予以发扬光大。因此中央地区虽然频频易主，但是中国文化始终成一线发展，这一点可在中国的文字中找到最好的证据：纵的方面说，甲骨文是今日所见最古的文字，但由甲骨文的本身来看，在商以前必然还有一段漫长岁月的演变，方变成这种纯线条的文字，往后看，金文、甲骨文和篆籀也是一脉相承的；横的方面说，春秋战国的铜器金文，秦器与齐器文体无殊，燕器和楚器也字形全同，甚至最微小的附加笔画也是一般无二。由此可见，中国远在秦统一之前许久，早就是"书同文"了。

先秦诸子对天的看法

"天"在中国人的思想中大半具有最高神的意义,直到今日"老天爷"三字在一般人心目中还是可敬可畏的。然而在春秋战国时,虽然民间的思想仍把"天"认作神,有许多哲人却已具有完全不同的见解。本文首先仍从一般人的思想开始。春秋时在一般人的思想里,与过去相同,"天"仍是权力的中心,如《左传》中所见,有许多足以说明当时人宗教情绪的史料,例如:

> (郑伯)曰:"……若寡人得没于地,天其以礼悔祸于许,无宁兹许公复奉其社稷……""……吾先君新邑于此,王室而既卑矣,周之子孙,日失其序。夫许,大岳之胤也。天而既厌周德矣,吾其能与许争乎?"[1]

---

[1]《左传》隐公十一年。

（季梁）曰："天方授楚，楚之嬴，其诱我也。……臣闻小之能敌大也，小道大淫。所谓道，忠于民而信于神也。上思利民，忠也；祝史正辞，信也；今民馁而君逞欲，祝史矫举以祭，臣不知其可也。"[1]

斗丹获其戎车与其戎右少师。秋，随及楚平，楚子将不许。斗伯比曰："天去其疾矣，随未可克也。"[2]

晋卜偃曰："……亡下阳不惧，而又有功。是天夺之鉴，而益其疾也。"[3]

（宫之奇）对曰："臣闻之，鬼神非人实亲，惟德是依。故周书曰：'皇天无亲，惟德是辅。'又曰：'黍稷非馨，明德惟馨。'又曰：'民不易物，惟德繄物。'如是，则非德民不和，神不享矣。神所冯依，将在德矣。……"[4]

（太子申生）告之曰："夷吾无礼，余得请于帝矣。将以晋畀秦，秦将祀余。""……七日，新城西偏将有巫者而见我焉。"……告之曰："帝许我罚有罪矣，敝于韩。"[5]

---

[1]《左传》桓公六年。
[2]《左传》桓公八年。
[3]《左传》僖公二年。
[4]《左传》僖公五年。
[5]《左传》僖公十年。

晋大夫三拜稽首曰:"君履后土而戴皇天,皇天后土,实闻君之言。……"(秦)公曰:"……我食吾言,背天地也。……背天不祥。……"[1]

卫大旱,卜有事于山川,不吉。宁庄子曰:"昔周饥,克殷而年丰。今邢方无道,诸侯无伯,天其或者欲使卫讨邢乎。"从之。师兴而雨。[2]

夏大旱,公欲焚巫尪,臧文仲曰:"非旱备也,修城郭,贬食省用,务穑劝分,此其务也,巫尪何为,天欲杀之,则如勿生,若能为旱,焚之滋甚。"[3]

楚子曰:"天将兴之,谁能废之,违天必有大咎。"[4]

邾子曰:"苟利于民,孤之利也,天生民而树之君,以利之也。民既利矣,孤必与焉。"[5]

季文子曰:"……礼以顺天,天之道也。己则反天,而又以讨人,难以免矣。诗曰:'胡不相畏,不畏于天。'君子之不虐幼贱,畏于天也,在周颂曰:'畏天之威,于时保之。'不畏于天,将何能保?"[6]

王孙满劳楚子,楚子问鼎之大小轻重焉,对曰:"在

---

[1]《左传》僖公十五年。
[2]《左传》僖公十九年。
[3]《左传》僖公二十一年。
[4]《左传》僖公二十三年。
[5]《左传》文公十三年。
[6]《左传》文公十五年。

先秦诸子对天的看法

德不在鼎。……天祚明德，有所底止，成王定鼎于郏鄏，卜世三十，卜年七百，天所命也。周德虽衰，天命未改，鼎之轻重，未可问也。"[1]

伯宗曰："……天方授楚，未可与争。虽晋之强，能违天乎。……"[2]

晋侯梦大厉，被发及地，搏膺而踊曰："杀余孙不义，余得请于帝矣。"……公觉，召桑田巫，巫言如梦，公曰："何如？"曰："不食新矣。"[3]

甲午晦，楚晨压晋军而陈，军吏患之，范匄趋进曰："……晋楚惟天所授，何患焉。"

文子执戈逐之曰："国之存亡。天也。童子何知焉。"[4]

庆封为左相。盟国人于大宫，曰："所不与崔庆者。"晏子仰天叹曰："婴所不唯忠于君，利社稷者是与，有如上帝。"[5]

（叔向）对曰："克哉，蔡侯获罪于其君，而不能其民，天将假手于楚以毙之，何故不克？……"[6]

冬，有星孛于大辰，西及汉。申须曰："彗，所以

---

[1]《左传》宣公三年。
[2]《左传》宣公十五年。
[3]《左传》成公十年。
[4]《左传》成公十六年。
[5]《左传》襄公二十五年。
[6]《左传》昭公十一年。

除旧布新也,天事恒象,今除于火,火出,必布焉。诸侯其有火灾乎?"……郑裨灶言于子产曰:"宋卫陈郑,将同日火,若我用瓘斝玉瓒,郑必不火。"子产弗与。……宋卫陈郑皆火。裨灶曰:"不用吾言,郑又将火。"郑人请用之,子产不可。……曰:"天道远,人道迩,非所及也。何以知之,灶焉知天道,是亦多言矣,岂不或信?"遂不与。亦不复火。[1]

齐有彗星,齐侯使禳之。晏子曰:"无益也,只取诬焉。天道不谄,不贰其命,若之何禳之?且天之有彗,以除秽也,君无秽德,又何禳焉?若德之秽,禳之何损,……祝史之为,无能补也。"[2]

以上二十条例子取自最有价值的春秋史料——《左传》。由这些例证中,可以看出春秋时大率可有两种不同的态度。一类是人事决于天命的畏天论,一类是天命因于人事的修德论。以下将分别说之,而兼说到诸子思想中的天人之际。

前第一类畏天论者对天出之敬畏恭谨的态度,国家的兴亡决于"有天命",抑是"天厌之"。战场上的争战须"唯天所授"。天将与之,没有人能违背;天命未终,也没有人能

---

[1]《左传》昭公十七年、十八年。
[2]《左传》昭公二十六年。

擅自灭之。报仇雪恨，都须经过上帝的批准；盟誓矢志，也须指着皇天后土或上帝。这种态度必是普遍流行于当时人的思想中，因此国家的大事除了国防外，就当数祭祀，所谓"国之大事，在祀与戎"[1]。其中上帝的祭祀就是经常而重要的一个。但唯其是经常的，所以不大见于记载，不过以鲁国为例，郊祀就会因偶然的缘故而见于记载，例如《公羊传》有卜郊牛的事多次[2]。这些"郊牛"也叫"帝牛"，是祭天时的牺牲，比之祭鲁祖宗后稷的"稷牛"要贵重得多[3]。若有一些差池，例如没有一头牛被占而得吉卜时，为了避免不敬，宁可停止郊祀[4]；祭天的郊必在"正月上辛"[5]，一切祀祭之先，所谓"先百神而最居前"。在家有丧事时，祖先的祀可以暂停，却不能废郊，一切祭仪中，确可说"莫重乎郊"了[6]。总之，这是一个大祭，所谓"郊者，并百王于上天而祭之也"[7]。据一般说法，仅天子才能郊天[8]，但此事似

---

[1]《左传》成公十三年。
[2]《公羊传》僖公三十一年，宣公三年，成公七年、十年、十七年，襄公七年、十一年，定公十五年，哀公元年。
[3]《公羊传》宣公三年；《礼记·郊特牲》。
[4]《公羊传》僖公三十一年，宣公三年，成公七年、十年、十七年，襄公七年、十一年，定公十五年，哀公元年。
[5]《公羊传》成公十七年。
[6] 董仲舒：《春秋繁露·郊事对》。
[7]《荀子·礼论篇》。据杨倞集解："百王百神也，或神字误为王。言社稷唯祭一神，至郊天则兼祭百神，以喻君兼父母者也。"
[8]《礼记·曲礼下》。

并非如此肯定。鲁国固有祭上帝的特准，未特准的秦国却也可祭祀上帝。如《史记》所说：

> 缪公壮士冒败晋军，晋军败，遂失秦缪公，反获晋公以归，秦将以祀上帝。[1]

楚国也自有其东皇太一的祭祀，所谓：

> 吉日兮辰良，穆将愉兮上皇。[2]

此外，到了汉初，除秦有四時祀上帝外，齐有"八神将"，其中包括一个"天主祠"，后来汉武封禅依旧跑到山东来，大约与齐人方士的旧信仰和圣地有关。下邳有天神之祠，梁有天地之祠，晋有五帝之祠。还有胡巫的九天祠[3]。凡此诸祠的对象显然都是天神。也许他们不用"郊"礼，但无疑是祭祠天帝的信仰。总之，这位天帝的威灵早已深入人心，因此不信天帝如庄周者，也把一个极崇高的观念比拟于帝，如"精神四达并流，无所不极，上际于天，下蟠于地，

---

[1]《史记·晋世家》。
[2]《楚辞集解·九歌·东皇太一》。
[3]均见《史记·封禅书》。

化育万物，不可为象，其名为同帝"[1]。

这种畏天信仰下的天帝，其为人格化的神并无足奇。因此他不仅是赵的祖先和太子申生所请命的帝，而且和周初谆谆而命文王的帝一样，可以在梦中派使者授命凡人，如：

晋虢公梦在庙，有神人面白毛，虎爪执钺立于西阿之下。公惧而走，神曰："无走，帝命曰：'使晋袭于尔门。'"公拜稽首，觉，召使嚚占之。对曰："如君之言，则蓐收也，天之刑神也。"[2]

这一类的故事极多，此徒一例耳。这种充分人格化的天神，显然无所异于前章所述的信仰，而且下至今日。一般人的心目中的老天爷又何尝不是如此？

总之，这派畏天的态度是普遍见于春秋时一般人的。在先秦诸子中，墨子是最畏天的，因此为行义便计，放在这里先说一说，墨子的畏天不是神道设教，不是挟天自重。在他的学说里，"天"是一切的最后依据。此处先从墨子最枝节的条目开始，逐步加以讨论。墨子反对广义的"乐"，其反对的理由在实用方面，所谓：

---

[1]《庄子·刻意篇》。
[2]《国语·晋语》。

子墨子言曰："仁之事者，必务求兴天下之利，除天下之害，将以为法乎天下。利人乎即为，不利人乎即止，且夫仁者之为天下度也，非为其目之所美，耳之所乐，口之所甘，身体之所安，以此亏夺民衣食之财，仁者弗为也。"是故子墨子之所以非乐者。……虽身知其安也，口知其甘也，目知其美也，耳知其乐也。然上考之，不中圣王之事；下度之，不中万民之利，是故子墨子曰："为乐非也。"[1]

　　毛病出在使那些君子"废君子之听治"，那些贱人"废贱人之从事"。而照历史上看，其结果必致"上帝弗常，九有以亡。上帝不顺，降之百。其家必坏丧"。所以这是"天鬼弗式""万民弗利"的[2]。同样的理由，为了不害民，墨子主张节用节葬，一切尽求其实用合适，不必多所兴作或过度[3]。总之，应当"去无用之费"[4]。

　　所有这些毛病，墨子认为都出于人的不相爱，所谓"当察乱何自起，起不相爱"。人人都想亏人以自利，于是天下乱了。因此，他说：

[1]《墨子·非乐篇》(附话)。
[2]《墨子·非乐篇上》。
[3]《墨子·节用篇上》《墨子·节用篇中》《墨子·节葬篇下》。
[4]《墨子·节用篇上》。

> 若使天下兼相爱，爱人若爱其身，犹有不孝者乎？视父兄与君若其身，恶施不孝。……故视人之室若其室，谁窃；视人身若其身，谁贼。故盗贼亡有。犹有大夫之相乱家，诸侯之相攻国者乎？视人家若其家，谁乱；视人国若其国，谁攻。故大夫之相乱家，诸侯之相攻国者亡有。[1]

而古之圣王有行了兼爱，而致王天下的，如禹、汤和文王，这是墨子所找到的历史证据。[2]因了这种兼爱的立场，墨子自必非攻；"相攻"正是前节要纠正的一个项目，所以，他认为：

> 是故古之仁人有天下者，必反大国之说，一天下之和，总四海之内，焉率天下之百姓，以农臣事上帝山川鬼神。利人多，功故又大。是以天赏之，鬼富之，人誉之，使贵为天子，富有天下……今王公人人，天下之诸侯，则不然。将必……为坚甲利兵，以往攻伐无罪之国。……意将以为利天乎？夫取天之人，以攻天之邑，此刺杀天民，剥振神之位，倾覆社稷，攘杀其牺牲，则此上不中天之利矣。意将以为利鬼乎？……则此中不中鬼之利矣。意将

---

[1]《墨子·兼爱篇上》。
[2]《墨子·兼爱篇中》。

以为利人乎？……则此下不中人之利矣。[1]

而那些征诛的义战却都经过上帝的特命，例如：

> 昔者三苗大乱，天命殛之。……高阳乃命玄宫，禹亲把天之瑞令，以征有苗，四电诱祇，有神人面鸟身，若瑾以侍，搤矢有苗之祥，苗师大乱，后乃遂几。……至乎夏王桀，……天乃命汤于镳宫，用受夏之大命。夏德大乱，予既卒其命于天矣。往而诛之，必使汝堪之。汤焉敢奉率其众，是以乡有夏之境，帝乃使阴暴毁有夏之城。少少有神来告曰。……予既受命于天，天命融隆火，于夏之城间西北之隅。……则此汤之所以诛桀也。

还有周武王的事也相仿佛。[2] 从这些话中可以看出，墨子心目中的上帝是多么活灵活现。

兼爱的理由又何在呢？这就须归结到"天志"了，所谓天志，据墨子说：

> 然则奚以为治法而可？故曰莫若法天，天之行，广

---

[1]《墨子·非攻篇下》。
[2]《墨子·非攻篇下》。

而无私，其施厚而不德，其明久而不衰。故圣王法之，既以天为法，动作有为，必度于天，天之所欲则为之，天所不欲则止。然而天何欲何恶者也？天必欲人之相爱相利，而不欲人之相恶相贼也。奚以知（云云）……？以其兼而爱之，兼而利之也。奚以知（云云）……？以其兼而有之，兼而食之也。今天下无大小国，皆天之邑也。人无幼长贵贱，皆天之臣也。……故曰，爱人利人者，天必福之。恶人贼人者，天必祸之。[1]

有如此兼爱之天志，人因此必须兼爱以上同于天：

天下之百姓皆上同于天子，而不上同于天，则菑犹未去也。今若天飘风苦雨，溱溱而至者，此天之所以罚百姓之不上同于天者也。[2]

是以墨子比天志为"轮人之有规，匠人之有矩"[3]了。有这样的天，墨子因此讲"尊天事鬼"，治国的贤者若能勤政尚贤，则"国家治则刑法正，官府实则万民富。上有以絜为酒醴粢盛，以祭祀天鬼"。又说"若昔者三代圣

---

[1]《墨子·法仪篇》。
[2]《墨子·尚同篇中》。
[3]《墨子·天志篇上》。

王。……其为政于天下也,兼而爱之,从而利之。又率天下之万民,以尚尊天事鬼,爱利万民。是故天鬼赏之,立为天子,以为民父母。万民从而誉之,曰圣王。至今不已,则此富贵为贤,以得其赏者也"[1]。可使"天鬼赏之"。不过天和鬼都是赏善罚暴的,因此墨子不赞成命运之说,他认为历史上的证据都没有"福不可请而祸不可讳,敬无益,暴无伤"的训诫。[2]而且"自古以及今。……亦尝有见命之物,闻命之声乎?则未尝有也"[3]。由此防止许多人把祸福归之于命运,而不知省察的心理[4]。把一切宿命论者的借口推翻,仍把一切原因归还给无上的天的意志,这即是极敬天畏天了。不仅如此,墨子还认为人的意志不能向天干求,因此他对祭祀的看法完全脱出功利的态度。例如:

鲁祝以一豚祭而求百福于鬼神,子墨子闻之曰:"是不可。今施人薄而望人厚,则人唯恐其有赐于己也。今以一豚祭而求百福于鬼神,唯恐其以牛羊祀也。古者圣王事鬼神,祭而已矣。今以豚祭而求百福,则其富不如其贫也。"[5]

---

[1]《墨子·尚贤篇中》。
[2]《墨子·非命篇上》。
[3]《墨子·非命篇中》。
[4]《墨子·非命篇上》。
[5]《墨子·鲁问篇》。

"祭而已矣",这何等纯洁、何等虔敬的宗教态度,不知可愧杀多少烧香拜佛,祈祷上帝,而只求一己福祉的人?

除了这一派有浓重宗教情感的态度以外,即是本文开端说过的修德论者。在"国之大事,在祀与戎"的时代,在遇旱要暴巫的时代,在鬼神的力量笼罩一切的时代,仍不乏清明理性的人。例如宫之奇"鬼神非人实亲,唯德是依"的说法,已把天的向背归之于人事。又如邾子,把利民放在第一位,但是他们还多少带一些宗教的情感。至于子产的"天道远,人道迩",却完全采取一种冷漠的态度,至少把"天道"看得异常遥远,而影响不到人间。这种态度发展至极,就变成战国末年荀子的"制天论"。天成为人可以积极加以制服的自然对象了。

在说到极端的荀子前,必须先说一说前于荀子的两派非常不同的思想。对这两派——儒家的孔孟和道家的老庄——的讨论当可助于了解荀子的反宗教立场。

孔子的天道观念,颇与子产的相似,有时具有相当程度的宗教情绪。他颇自以为有天降的任务,有"天生德于予"[1],"天之未丧斯文,匡人其如予何?"[2]一类话头。可是他不喜欢讨论抽象的东西,因为他从不说"怪、力、乱、神"[3]。

---

[1]《论语·述而篇》。
[2]《论语·子罕篇》。
[3]《论语·述而篇》。

纵然他对天命是畏惧的，所谓"君子有三畏，畏天命、畏大人、畏圣人之言"[1]。他日常的态度则通常是守旧的，因此他不敢欺天："吾谁欺，欺天乎？"[2]他不敢怨天，说是"不怨天，不尤人，下学而上达，知我者其天乎"[3]。他对着天起誓，说："予所否者。天厌之，天厌之。"[4]他也在最伤心的时候说过，"天丧予，天丧予"[5]。所以他在50岁那年，就认识了天命是不可抗的[6]，他甚至可能承认天是一个有人格的神，因此他说，"天何言哉"[7]，表面虽似视天为不能言，实际则有承认天能言而不言的意思。不过他缺乏浓重的宗教心，所以他否认祈祷的力量，"王孙贾问曰：'与其媚于奥，宁媚于灶，何谓也？'子曰：'不然，获罪于天，无所祷也。'"[8]。他认为平时的行为比祈祷更有必要：

子疾病，子路请祷。子曰："有诸？"子路对曰："有之，诔曰，祷尔于上下神祇。"子曰："丘之祷久矣。"[9]

---

[1]《论语·季氏篇》。
[2]《论语·子罕篇》。
[3]《论语·宪问篇》。
[4]《论语·雍也篇》。
[5]《论语·先进篇》。
[6]《论语·为政篇》。
[7]《论语·阳货篇》。
[8]《论语·八佾篇》。
[9]《论语·述而篇》。

因此，他对于鬼神的见解是"祭如在，祭神如神在"[1]。既用了"如"字，就有些怀疑的成分。他又说，"务民之义，敬鬼神而远之，可谓知矣"[2]。另一次对话里，孔子更把"人"放在抽象的"鬼"神之前：

季路问事鬼神，子曰："未能事人，焉能事鬼？"曰："敢问死？"曰："未知生，焉知死？"[3]

总之，孔子虽然敬畏天命，宁愿存而不论，却把渺茫的天道放在遥远的地方，把世人的眼光仍拉回现实的人世。

孔子之外另一个正统儒家是孟子。在孟子思想中，天有时则是定命，正与孔子无两样，至少是人力所不及的。所以他说，"若夫成功则天也，君如彼何哉，强为善而已矣"[4]。然似无甚宗教意味在内。他也曾把天当作一个统制的势力。例如他曾说过尧舜禅让的故事，说禅让是"天与之"，可是并非"谆谆然命之"，而是"以行与事示之而已矣"。其"示之"的办法仍是诸侯的朝觐、讼狱和讴歌。[5]因此孟子仍旧

---

[1]《论语·八佾篇》。
[2]《论语·雍也篇》。
[3]《论语·先进篇》。
[4]《孟子·梁惠王篇下》。
[5]《孟子·万章篇下》。

把天理拖回了人间。此外，孟子又弄出个哲学意味的"天"：

尽其心者，知其性也。知其性则知天矣。存其心，养其性，所以事天也。夭寿不贰，修身以俟之，所以立命也。[1]

夫君子所过者化，所存者神，上下与天地同流，岂曰小补之哉？[2]

把天与性合说，存心养性即是事天，直是把天理引入我腔子里，其中何尝有半点宗教气息？君子所至神而化之，以至能与天地同流，其中更无半点畏天的谦卑心。此所以孟子自期"万物皆备于我"了。因此，孟子终究是一个哲学家，与墨子的虔敬宗教心大相径庭。

后期的儒家因为这种态度，也以一种重人事的观点来解释祭祀，以调和儒家"祭如在"的说法，所谓：

万物本乎天，人本乎祖，此所以配上帝也。郊之祭也，大报本反始也。[3]

率而祀天于南郊，配以先祖，所以教民报德不忘本

---

[1]《孟子·尽心篇上》。
[2]《孟子·尽心篇上》。
[3]《礼记·郊特牲》。

也，率而享祀于太庙，所以教孝也。[1]

这都是把祭天的意义赋予一层人事的色彩，但是这种态度到底是非宗教的。因此在虔敬的宗教家墨子，就不免讥之为"无客而学客礼""无鱼而为鱼罟"[2]了。

以上是人文主义的儒家的宗教观，或者说，人事化的天道观。

现在再说到另一派"蔽于天而不知人"的道家。

先说老子，在墨家学说中，"天"是一切的最后原因。已见上述。而老子却另有一个"道"字作为最后的原因。

  有物混成，先天地生。寂兮寥兮，独立不改，周行而不殆，可以为天下母。吾不知其名，字之曰道，强为之名曰大。[3]

天地则只是默然存在，所谓：

  天长地久，天地所以能长且久者，以其不自生，故

---

[1]《大戴礼·朝事篇》。
[2]《墨子·公孟篇》。
[3]《老子》第二十五章。

能长生。[1]

但是天地又何尝能长久呢？因此他说：

> 希言自然，故飘风不终朝，骤雨不终日，孰为此者？天地，天地尚不能久而况于人乎。[2]

老子的天是如此没有灵性，因此，天又何尝运用其意志于人事呢？老子就不免说一声，"天地不仁，以万物为刍狗"[3]了。没有意志力的"天"，所余当然只有自然的、物质的意义了。

再说到"蔽于天而不知人"的庄子。他也以"道"为一切的最后原因，所以说：

> 夫道，有情有信，无为无形，可传而不可受，可得而不可见。自本自根，未有天地，自古以固存。神鬼神帝，生天生地。在太极之先而不为高，在六极之下而不为深；先天地生而不为久，长于上古而不为老。[4]

---

[1]《老子》第七章。
[2]《老子》第二十三章。
[3]《老子》第五章。
[4]《庄子·大宗师篇》。

这个"道",虽是"神鬼神帝,生天生地"的原因,虽可比之为"同帝"[1],到底不是有人格或意志的。道只是一个"无"字。[2]在万物之中,却又任万物自化。"天"也在这个"道"的笼罩下,所以天者,只是一个自然,所以说:无为为之之谓天[3]。"天"甚至可以作为"自然"一词的同义词,例如:

天在内,人在外。……牛马四足是谓天;落马首,穿牛鼻是谓人。[4]

公文轩见右师而惊曰:"是何人也,恶乎介也?天与?其人与?"曰:"天也,非人也……"[5]

而把"天"看作大自然的一部分的,莫若在《天运篇》中:

天其运乎?地其处乎?日月其争于所乎?孰主张是?孰维纲是?孰居无事而推行是?意者其有机缄而不得已邪?意者其运转而不能自止邪?云者为雨乎?雨者为云乎?孰隆施是?孰居无事淫乐而劝是?风起

---

[1]《庄子·刻意篇》。
[2]《庄子·天地篇》。
[3]《庄子·天地篇》。
[4]《庄子·秋水篇》。
[5]《庄子·养生主篇》。

北方，一西一东，有上彷徨，孰嘘吸是？孰居无事而披拂是？[1]

然而庄子对于这些疑问都不加答复，只说了顺之以自然而已。

由上所述，可见老子、庄子都没有一点虔敬的心情。换言之，老庄都以非宗教的观点谈及天或道，在他们的思想里，天已退缩到单纯的自然意义。

荀子即承受了这种自然观的天道观念，不过荀子终究是儒家。儒家思想中人文主义是最重要的特色，因此荀子虽同意这种自然观，却不能同意庄子听任自然的，谓：

庄子蔽于天而不知人。……由天谓之，道尽因矣。[2]

照杨倞的注解，"道尽因矣"，是"因任其自然，无复治化也"。换句话说，人完全不需有任何行动，然而荀子绝不能丢开儒家不可"未事人"的立场。是以荀子遂脱去孔孟若有若无的宗教情绪，用儒家惯有的"事人"手段，来制服已被庄子赋予自然意义的"天"了。荀子说：

[1]《庄子·天运篇》。
[2]《荀子·解蔽篇》。

> 故君子敬其在己者,而不慕其在天者。小人错其在己者,而慕其在天者。君子……是以日进也。小人……是以日退也。[1]

因此他认为"惟圣人为不求知天"[2],而"道"也只是人道:

> 道者,非天之道,非地之道。人之所以道也,君子之所道也。[3]

既然只承认人,故荀子完全否认"天"对人有控驭力量,认为所谓吉、凶,都只是人自己作为的结果,无关于"天"的奖惩:

> 天行有常,不为尧存,不为桀亡。应之以治则吉,应之以乱则凶。强本而节用,则天不能贫;养备而动时,则天不能病;循道而不贰,则天不能祸。故水旱不能使之饥,寒暑不能使之疾,祆怪不能使之凶。

---

[1]《荀子·天论篇》。
[2]《荀子·天论篇》。
[3]《荀子·儒效篇》。

凶乱之世，虽然"受时与治世同"，竟有不同的结果，但也"不可以怨天，其道然也"。这"道"字，即前面所说，"人之所以道也"。也就是说，这些结果都不过自作自受，不用把原因归结到"有常"的天。能明白这"天人之分"的，才是"至人"[1]。所谓天者，其实不外乎是自然，自然自有其运行的法则：

> 列星随旋，日月递炤，四时代御，阴阳大化，风雨博施，万物各得其和以生，各得其养以成，不见其事而见其功，夫是之谓神。皆知其所以成，莫知其无形，夫是之谓天。[2]

人不必求知天，也不必费神推究天的本意，人的事只须明白"天有其时，地有其财，人有其治"[3]。若舍人事而要想知道天意，"则惑矣"。所以荀子的本意事实上只在"人有其治"，另外二者不过陪衬，被人加以利用而已。

对于初民最易受惊恐惧的怪异，荀子以为无可惊怪。所谓星坠，所谓木鸣，"国人皆恐"时，荀子却说是"天地之变，阴阳之化，物之罕至者"。日月有蚀，风雨不时，或怪

---

[1]《荀子·天论篇》。
[2]《荀子·天论篇》。
[3]《荀子·天论篇》。

星党见,俱足引起人民对自然的恐惧,因之发生宗教情感。荀子却说"是无世而不常有之"。上明政平时,再多一些也无妨;上暗政险时,即使一次没有,也无救于其败亡。因此荀子认为人应惧怕的,不是这些天象怪异,而是"人袄"。所谓"人袄",照荀子的说法,全是人谋之不臧。如:

> 楛耕伤稼,耘耨失薉,政险失民,田薉稼恶,籴贵民饥,道路有死人,夫是之谓人袄。政令不明,举错不时,本事不理,夫是之谓人袄。礼义不修,内外无别,男女淫乱,则父子相疑,上下乖离,寇难并至,夫是之谓人袄。[1]

因此他不主张白费心思在宗教性的思考上,而认为用心研究的东西仍应是人与人的关系。所谓:

> 传曰,万物之怪,书不说,无用之辩,不急之察,弃而不治。若夫君臣之义,父子之亲,夫妇之别,则日切瑳而不舍也。[2]

---

[1]《荀子·天论篇》。
[2]《荀子·天论篇》。

更进一步，他不仅毫不礼敬墨子最崇拜的"天"，反倒要使"天"——也就是自然——置于人类的控制之下。说：

> 大天而思之，孰与物畜而制之。从天而颂之，孰与制天命而用之。……故错人而思天，则失万物之情。[1]

非宗教的态度，可谓至于极点了。因之他对于宗教仪节的祭祀，也剥去了宗教意义，赋予一层着重人事的新观点。例如求雨的雩，他说：

> 雩而雨何也？曰，无何也。犹不雩而雨也。日月食而救之，天旱而雩。卜筮然后决大事，非以为得求也，以文之也。故君子以为文，而百姓以为神。以为文则吉，以为神则凶也。[2]

所谓"文之"，即说只看作聊备一格的仪式。他又谓：

> 礼有三本：天地者，生之本也；先祖者，类之本也；君师者，治之本也。无天地恶生？无先祖恶出？无君师

---

[1]《荀子·天论篇》。
[2]《荀子·天论篇》。

恶治？三者偏亡，焉无安人？故礼。上事天，下事地，尊先祖而隆君师，是礼之三本也。[1]

由上所述，荀子的天道观是采了庄子的自然观点，却抛去了庄子的安于天命的态度；着重加强了儒家的人文思想，却抛去了孔孟的畏天态度；合起来，就形成了非常现实，强调人事，而非常反宗教的"制天"说。根本否定了有某种能影响人事的力量，反要用人的力量来利用自然。荀子的现实确是可惊的。

除了前述畏天、制天，或自然之天等说法外，由战国迄于汉初，还有一派阴阳五行的天道观。这一派把天地间种种事物和现象，统归入两种势力（阴阳）或五种势力（五行）。阴阳与五行虽在汉初已成不可分，但最初似并非同一思想。如《周易》只说阴阳，而未及于五行。五行者，在战国时邹衍始成一有系统的学说。司马迁尝介绍其思想谓：

> 邹衍睹有国者益淫侈，不能尚德，若大雅整之于身，施及黎庶矣。乃深观阴阳消息，而作怪迂之变，终始大圣之篇十余万言。其语闳大不经……称引天地剖判以来，

---

[1]《荀子·礼论篇》。

> 五德转移，治各有宜，而符应若兹。……然要其归必止乎仁义节俭，君臣上下六亲之施，始也滥耳。[1]

五德而"治各有宜"，即说天地间有这五种势力支配一切，其转移有一法则，于是《吕氏春秋》遂有帝王各秉一德的说法：

> 凡帝王之将兴也，天必先见祥乎下民。黄帝曰土气胜。……禹曰木气胜。……文王曰火气胜。……汤曰金气胜。……代火者必将水。……水气至而不知，数备，将徙于土。[2]

天地间既有此固定的秩序，则当然无所用于再有一个有意志，有人格的主宰。是以《吕氏春秋》《礼记·月令》及《淮南子》虽均有当祭的神或五帝，却都配属于五行之中。易言之，连神也受五种原始势力的支配。这可以说是一种机械而有秩序的自然观念。宇宙受某几种势力的支配，则必将最高主宰的权力打了折扣，此所以墨家站在相信有主宰的虔诚宗教立场，必须驳斥五行之说，故说：

---

[1]《史记·孟子荀卿列传》。
[2]《吕氏春秋·有始览·名类》。

> 五行毋常胜，说在宜。[1]

而其"经说"谓：

> 合水土火。火离然火铄金，火多也，金靡炭，金多也，合之府木，木离木。

就是为了维护天或上帝的最高权威。

但除了墨家的反对外，五行说在春秋战国时似是一个颇为普遍的宇宙观。甚至远在商末，卜辞中即可能有五行的端倪。[2]据说少昊时，即有"五工正"之官；[3]而至少《左传》中常见五行之官，就以木火金水土为纪。[4]而且春秋时也已有五德转移的痕迹，至少也已承认宇宙间有几种势力，转移时能预先显出征兆，例如：

> （楚）灭陈……晋侯问于史赵曰："陈其遂亡乎？"对曰："未也……陈，颛顼之族也。岁在鹑火，是以卒

---

[1]《墨子·经下》。
[2]陈梦家：《五行之起源》(《燕京学报》第24期，民国二十七年，北平)，页49—50。
[3]《左传》昭公十七年。
[4]《左传》昭公二十九年。

灭,陈将如之。今在析木之津,犹将复由……"[1]

夏四月,陈灾,郑裨灶曰:"五年陈将复封,封五十二年,而遂亡。……陈,水属也。火,水妃也,而楚所相也。今火出而火陈,逐楚而建陈也。妃以五成,故曰五年,岁五及鹑火而后陈卒亡,楚克有之,天之道也,故曰五十二年。"[2]

又如本章之首所举裨灶预言四国将火,也由天象推得。凡此都表示有某种自然现象能影响人事,也有人把这些自然力量称为阴阳。如:

(周内史叔兴告人)曰:"……是阴阳之事,非吉凶所生,吉凶由人……"[3]

此等理论流行极广,如儒家中子思与孟子就持此说,也都被荀子攻击过,"案往旧造说,谓之五行"[4]。而庄子也说:

天有六极五常。帝王顺之则治,逆之则凶。[5]

---
[1]《左传》昭公八年。
[2]《左传》昭公九年。
[3]《左传》僖公十六年。
[4]《荀子·非十二子篇》。
[5]《庄子·天运篇》。

庄子不大讨论到这些问题，但确主张安于天命。这个天命并非有人格、有意志的主宰的命令，而是一套自然运行的秩序。人力不用，也不能加以改变。至于儒家，虽然畏天，却是敬而远之。但孔孟似乎都颇承认某种既经决定的命运，例如孟子说：

莫之为而为者，天也；莫之至而至者，命也。[1]

因此他深信"五百年必有王者兴"[2]，而他自己就应当应了这句话。这种命运若系确定的，则甚至上帝也未必能逞着意思加以改易。换言之，具有这种思想的人，其上帝也受制于某一定的法则，一定的命运，其上帝也不是全能的。是以把上帝看作若有若无的儒家和庄子同时具有这种观念，而把上帝看作赫赫明明的墨家就不能不加以驳斥了。追根究底，把宇宙分化为若干自然势力，其源当仍来自"天"的物质意义，方出之以数种物质为代表，有如五行者。无论如何，这种配成自然秩序的宇宙观必不能具有高度的宗教性。

自邹衍把此种五行说加以整理后，五德转移成了支配一时的思想，秦汉二代的开国者莫不斤斤于追究自己属于水

---

[1]《孟子·万章篇上》。
[2]《孟子·公孙丑篇下》。

德，抑或是火德。易言之，朝代的改易都只是五德的自然承袭。[1]驯至人事跟着当时的"德"而改变，如：

> 或曰："黄帝得土德，黄龙地螾见。夏得木德，青龙至于郊，草木畅茂。殷得金德，银自山溢。周得火德，有赤乌之符。今秦变周，水德之时。昔文公出猎，获黑龙，此其水德之瑞。"于是秦更命河曰"德水"，以冬十月为年首，色上黑，度以六为名。音上大吕。事统上法。……鲁人公孙臣上书曰："始秦得水德，及汉受之。推终始传，则汉当土德，土德之应黄龙见。宜改正朔，服色上黄。"时丞相张苍好律历，以为汉乃水德之时，河决金堤，其符也。年始冬十月，色外黑内赤，与德相应。[2]

人事系于德运。以致解释秦的严刑酷法为合水德，人事之完全屈服于自然律，也就可以想见了。

于是西汉的董仲舒以儒术阴阳的双重身份出现，所谓"董仲舒治《公羊春秋》，始推阴阳，为儒者宗"[3]。他采取了阴阳五行的宇宙观：

---

[1]《汉书·郊祀志》。
[2]《史记·封禅书》。
[3]《汉书·五行志上》。

先秦诸子对天的看法

> 天之常道，相反之物也。不得两起，故谓之一，一而不二者，天之行也。阴与阳，相反之物也。故或出或入，或左或右。春俱南，秋俱北，夏交于前，冬交于后，并行而不同路，交会而各代理。此其文欤？[1]
>
> 如金木水火，各奉其所主，以从阴阳。相与一力而并功，其实非独阴阳也。然而阴阳因之以起，助其所主。[2]

他的历史哲学也抄了五德转运。而作为三统，或三正之说——所谓黑统、白统、赤统——其基本精神无殊于五德说，因此此处不拟详录《春秋繁露·三代改制质文》的原文。总之也是把人事上应天统而已。

可是董仲舒是儒家，所以他终认为人世间还有其不变的一套，所谓：

> 今所谓新王必改制者，非改其道，非变其理……今天大显已，物袭所代而率与同，则不显不明。非天志，故必徙居处，更称号，改正朔，易服色者，无他焉。不敢不顺天志而明自显也。若夫大纲人伦，道理政治，教化习俗，文义尽如故。亦何改哉？故王者有改制之名，

---

[1]《春秋繁露·天通无二篇》。
[2]《春秋繁露·天辩在人篇》。

无易道之实，孔子曰："无为而治者，其舜乎。"言其主尧之道而已。此非不易之效欤？[1]

足知董仲舒仍是把人间事看作有其不变的常经，仍是儒家的看法，董仲舒这种态度的来源是他依旧重视人的地位。所以他说：

> 莫精于气，莫富于地，莫神于天。天地之精，所以生物者，莫贵于神。人受命乎天也，故超然有以倚。物疢疾莫能为仁义，唯人独能为仁义；物疢疾莫能偶天地，唯人独能偶天地。[2]

其根本立场殆无殊于孟子的"万物皆备于我""上下与天地同流"等语，故董仲舒把人抬到天地相参的地位。所谓：

> 天地人，万物之本也。天生之，地养之，人成之。[3]

既然天地人是万物之本，因此不仅人事须受天道的影响，例如：

---

[1]《春秋繁露·楚庄王篇》。
[2]《春秋繁露·人副天数篇》。
[3]《春秋繁露·立元神篇》。

> 圣人副天之所行以为政，故以庆副暖而当春，以赏副暑而当夏，以罚副清而当秋，以刑副寒而当冬。庆赏罚刑，异事而同功，皆王者之所以成德也。庆赏罚刑，与春夏秋冬，以类相应也，如合符。[1]

人事也同样能影响天道。故谓：

> 天有阴阳，人亦有阴阳。天地之阴气起，而人之阴气应之而起；人之阴气起，而天地之阴气亦宜应之而起。其道一也。明于此者，欲致雨则动阴以起阴，欲止雨则动阳以起阳。故致雨非神也。而疑于神者，其理微妙也。非独阴阳之气可以类进退也。虽不祥祸福所从生，亦由是也。无非己先起之，而物以类应之而动者也。[2]

所以董仲舒相信能用人事来救灾异，相信土龙可以求雨。其基本立场在于他相信"天人交感"，人也掌握了天人两橛中的一橛。人并不是全然地受制于天，也可相对地互为感应。换句话说，董仲舒采取了阴阳五行说的自然秩序宇宙观，却配合上他自己的儒家人文主义，取回一部分主动权。

---

[1]《春秋繁露·四时之副篇》。
[2]《春秋繁露·同类相动篇》。

上面所述，只是若干哲人的思想。其中颇可看出，除墨家对"天"纯作神化外，儒家就冲淡了许多，反而渗上些定命说，虽畏天却俟命。老庄把主宰的力量看得更淡，然也承认人力无法改变天运，故不畏天，却安命。荀子则强调人事，把天纯然当作自然，且须用人定来胜天。阴阳家则相信宇宙间有一个确定的法则，无论何种现象都服从这一个法则。而董仲舒则又用人事来影响天道，在确定法则的范围内，人事仍有相当限度的选择。以上诸说中，自然法则和天运的自然都与物质的天关系较深。故其中神化色彩甚淡，或至毫无，殆即因为自然秩序是起于人对自然的分类和解释，至于天运的自然，则人又自居自然中之一份子了。

　　但以上所述尽是哲人们的思想，春秋战国这个时期中，普通人的思想仍是多多少少相信有一个主宰的天存在的。以至连宗教色彩淡到几乎没有的庄子还举"帝"作例，已见前；甚至非宗教如荀子者，也以"帝""天"为喻：

　　　　如是，百姓贵之如帝，高之如天，亲之如父母，畏之如神明。[1]
　　　　庶人隐窜，莫敢视望；居如大神，动如天帝。[2]

---

[1]《荀子·强国篇》。
[2]《荀子·正论篇》。

先秦诸子对天的看法

则民间对"帝""天"的信仰也就可知了。

由这些材料可以看出，每一个时代都不乏睿智的先哲，而个人的影响在历史上也不容忽略。无论是诚挚虔敬的态度，还是清明理智的立场，在历史上同样能找着过去的先声与未来的呼应。一般说来，"天"与"帝"在这时候，意义略有差别，如庄子、荀子都把"天"当作自然的全体。由此可知"天"的原义必是自然的苍天，神性只是后加的。在五德转移说中，天帝也受制于同一的自然律，则天帝的权威显然小极了。故五德说中的"天"也是指自然而言。本文说到董仲舒，因为他是总结先秦思想的人，在他的学说中，似乎应该注意其儒家重人事的成分。易言之，董仲舒把机械的天命又放在人的手里，人不能改变天意，但天意将因人的行为而改变。

春秋战国虽有这些哲人的思想，大部分人民不外乎相信有一个至高的主宰操持着宇宙间一切事的最后决定，但也不敢抹杀较小神祇的威柄，并为它们加上赏善罚恶的道德意义。老天爷颇能满足中国人的宗教情感。直到今日，一般人心目中的老天爷又何尝不是如此呢？

试拟中国社会发展的几个论点

这只是一篇大纲式的文字,因此脚注不附在里面。笔者用这个大纲教授一群研究中国文化的美国人,分期名称及行文为此不免透露出英文句法的风味。文中所说的只是各时期的重点,至于着重的方面,见仁见智,各人会有各人的看法,这里所胪列的仅是笔者个人的态度。其实文章的整个骨架也只代表笔者个人至今为止假设的观念,其中有许多点还有待于未来的探讨与证验。

中国的新石器文化与殷商文化通过考古学已颇有发现,但是材料不足以让我们有系统地探讨其社会构造。以殷墟材料之丰富,佐以甲骨学的资料,殷商的社会面目仍只不过透露一鳞半爪的消息而已。因此我们的材料将自中国第一部系统的史书《左传》说起,而我们的探讨也将以春秋至秦政统一为第一个时期——我们称之为古典中国。

在这个时期，我们的观察将以"单纯社群"现象为中心。所谓单纯社群是指一群人生活于固定的社会关系下，构成成分也比较单纯，承袭"传统"是最要紧的观念原则。其恰当的例证为家族团体。与所谓单纯社群对立的现象是"复杂社会"，其中成分复杂，游离个人之间的关系流动常基于游离个人的选择，"传统"的威权让位给尝试创新的热诚。这两个形态只是理论上假想的两个极端，极端与极端之间，可以容纳无数不同程度的配合，也就是无数不同的实际个案。古典中国的前一个时期是习惯上称为春秋的时期，其社会情况，由以《左传》为主体所得的资料看，属于靠近"单纯社群"的一端。在春秋以前是否有过更接近纯粹"单纯社群"的社会形态？由于史籍有缺，我们不能清楚地知道。春秋时期的"单纯社群"型则不但并不十分纯粹，而且显示出许多转型期的迹象。宗族与政治单位虽是二而一、一而二，但是两者的分离亦已逐渐明显。宗族本身也逐渐分裂为氏族，氏族逐渐成为基本的血缘——或假想性血缘——团体。个人受团体的保障与约束，因此都逐渐减弱。易言之，个人在社会结构中逞自由意志活动的可能性与空间都增大了。证验的迹象将在姓与氏的混合不分及社会流动性的增加观之。在后一时期——战国时期，我们看到了一个新的社会形态。血缘团体与政治单位已不再是合一的，社会上存在着至少两个各自独立的结构，因此单元性的春秋变成多元性的战国。向政治结构挑战的还有其他权力,例如财富的权力,这是以前没有的。七国并立,没有一个中央政权,因此权力结构在地缘上的分布也是多元性的。改良与变法是战国观念的特征,"传统"在战国已丧失了固有的约束力。

秦政的统一中国,在政治权力上造成了改变,但是在整个社会形态上并没有出现剧烈的变动。虽然为时代划分的方便计,我们把秦政以后到东汉末年称为"第一个帝国"的时期,汉初的政治权力并不是君临一切的:中央政府控制的地域只直接及于关中,间接及于有限的几个郡;分封的诸侯王在他们国内有不小于中央政府的力量,而游侠豪族的势力与富商巨贾的财力经常使政治权力警觉到本身以外的力量。汉代思想与观念呈现极为繁杂的情况,各家都可以并行不悖。整个汉初社会依然存在着高度的多元性,个人因此也可各自循不同的阶梯进身;纵然最后的归结往往是政治权力结构的一个位置,但是出发点可以不同。在汉初一个世纪内,这个"复杂社会"经过一番努力,终于改头换面为巨大的"单纯社群"。

第一步改变为政治权力的集中。王国经过中央的武力行动逐渐消除,变为地方政府。督察制度把中央镇抚地方的太守变成地方行政官员,而郡政府中的督邮成为中央刺史的翻版,于是中央对基层的地方单位也可收节制之效。政治权力又运用暴力、重税、专卖以及卖爵等手段,把商业资本吸收尽净。缺少适当的多余资本,商业的发展受到了限制,商人的富力也从此不再能向政治权力挑战。游侠与豪族是刺史二千石最注意的人物,他们的势力削弱,也正与政治权力扩张相关联。各派不同的观念由混合、交错,而最终产生了正统。于是在武帝以后的中国只有一个笼罩一切的政治权力结构,其他权力结构都屈服于政治权力之下。个人的行动因此再度受团体的约束,个人的观念受正统的支配,"传统"又再度压倒了"创造"。

服属于这一个巨大的政治权力结构下,执行权力与传袭正统的是一种文职人员构成的世家。因此氏族力量也再度抬头,氏族本身成为传袭权力与观念的主要载体。这种氏族就是中国历史上维持甚久的士大夫阶层。

第三个时期,由三国到隋初,事实上延长到安史之乱,政治权力结构分裂为若干并立的单元,为此力量削弱不少。为了抵抗异族入侵,安定秩序及迁移新地的工作都落在氏族组织上。强大的氏族可以吸收甚至奴役不属本氏族的分子,社会结构遂起了新的属次化。高阶层由统治氏族占据,此外的人民却没有进入氏族的机会。其表现在社会流动性变得异常迟滞。经济活动也以氏族为中心,于是有集体屯垦及大型庄园成为自给自足单位的现象。异族征服者只在政治结构上暂时性地加了一层统治集团,社会结构并未因此有大改变。反之,北方的征服者中产生了与汉人同一形态的氏族;而南方的被征服异族,又适足以增强南方汉人氏族的实力。

权力中心是多元的，因此正统思想不能轻易地笼罩全局。这个空隙使外来的佛教与非正统的老庄得到生长的机会。也许，对固有正统的怀疑与拒绝使佛教一度几乎成为新正统。但是缺乏君临一切的权力结构，新的正统没有生根的可能。用卡尔·曼海姆（Karl Mannheim）的话说，佛家思想始终不能由"乌托邦"变成"意谛络结"。这一点与基督教在西欧建立正统的过程，呈现出极有趣的对比。

第四个时期是中国的黄金时代——唐与宋。由于政治权力再度集中在中央政府手里，更由于中央政府发展出一套考试录用文官的科举制度，经由政治途径进身的新型士大夫渐渐占优势，终于形成了一个流动性极大的新阶层，作为最高统治阶层与被统治阶层———一般平民，而以农夫为主——两者之间的虹吸机关。旧士大夫的氏族，在抗衡失败后，逐渐消失。附带消失的，是旧氏族控制下的社会阶层化现象。同时，氏族似乎正演化为扩大的家族。这种扩大的家族，在名义上也许仍保留着氏族的若干迹象，例如房分，但是事实上只包括直系亲属及旁系的兄弟与其配偶子女。

经济势力仍服属于政治权力下，资本的形成以国家资本及官僚资本为主体，海外贸易因此并不能刺激商业资本的成长。正统思想于吸收非正统的佛教思想后，形成综合性的正统，借印刷术的广布与科举的刺激，非常彻底地渗入全体老百姓的意识。但是不属于正统的思想，主要借助民间的宗教信仰，仍赓续存在于社会的下层。我们必须注意，这里所说的上层下层两种观念，并不是隔绝不能交通的，由于高度的社会流动性，又由于知识的广泛分布，这两种传统经常有交流与相互影响之处。

或许与政治权力以外其他集团的崩解有关，都市丧失了堡垒的作用，变成行政中心与区域内的商业中心。于是四四方方隔成一块块的坊与里，演化为线条型的大街小巷。这一改变，加上税制的改变，人民不再如同以前一般有强力的土地附着性。易言之，人民的横向流动比以前大了。

第五个时期是蒙古统治的时期，往上也可包括辽金统治的北方。辽金与蒙古都采取一种双轨式统治，把异族的统治阶级置于汉人之上。由元代国家的组织形态，我们看到中国有了种族性的横切结构，社会的阶层化极为显著；政治经济的权力，在野蛮的军事统治下，萎缩不堪。正统思想无所附丽，也遭遇到衰退的情况，非正统的民间思想却与民间的宗教组织相伴成长为一股势力。

第六个时期是明代与清代。元朝统治结束后，汉人又把中国的社会结构复原了。此后在清朝统治下的中国，除了汉人之上加了一层统治的满族外，社会的结构并无显著的改变。士大夫，亦即知识分子，不断地自一般人民中产生，一度煊赫的世宦又不断地崩解衰落而降回平民之中。政治权力借助于相当高度的社会流动，一方面保持与民间的接触，另一方面吸收了民间大部分精英,得以维持强固不坠。政治权力一枝独秀的现象是中国社会史上最重要的特点,汉武以后都没有十分重大的变化。

清初以后,中国人口突然增加。其原因,此处不拟讨论。其后果则是百姓普遍趋于贫穷,及因之引起的社会流动性减弱,中国的农民也因此变成以小农及雇农为主体的集团。社会的下层有大群贫穷的农民,加上一大批在社会上进之梯上跌下来的精英分子,使社会结构的基层时时有震动可能。

第七个时期是1840年以后迄于抗战。中国传统社会在上一时期已经岌岌可危,致命的一击则来自西方文化与中国的接触。政治权力结构由依附在正统思想的士大夫手中,转移到以受现代教育的都市和知识分子及新型工商人士的手中。京沪平津以及其他通商口岸变成现代性的都市,但是乡村对都市的正常交流关系从此切断。都市从农村除吸收米粮菜蔬外,农村中的精英不是被拒于进入都市,就是沦为都市中的寄生虫,永远不会回到农村。经由政治途径或工商途径上进的人士,局限于都市的人口。农村占了全国人口最大部分,但是在各种权力结构中很少有发言人。农村中固有的社会结构还一度保持作用,但日本的侵略引起广泛的人口移动,农村中固有结构遭遇到彻底的破坏;其中最严重的是领袖分子离开家乡徙往内地,使农村结构陷入群龙无首的真空状态。抗战时陷入敌手的土地只有东南半壁及华北，但这是中国人口最多最有影响力的区域，因此上述的概论虽只包括战时沦陷的区域，其影响则及于全国。

固有的正统观念已随着固有社会结构的崩溃而失去约束力，因此，在各种不同形态的新思想没有发展为正统以前，中国的社会成为一个缺少重心的结构，宗教思想的混乱可资证验。

今后的中国将成为现代世界文化的一部分，现代文化中都市化与工业化均占重要地位。两者在大陆的发展趋向，已可于台湾近年的发展中见到端倪。将来中国或者将有建基于单个个人之上，以工商业经济权力结构与政治权力结构互相平衡的社会。现在我们看得见的迹象包括乡谊观念的薄弱，横向流动的增加，契约关系逐渐取代情感与传统的关系，仪式简化，等等。最重要的一点，当推扩大型家族崩解为核心型家庭，也就是说，家只包括夫妇及未成年的子女。不过在目前，扩大型家族的成员在组织核心型家庭之后，仍维持家庭与家庭之间的守望互助及亲密关系。这种过渡时期的家族形态，或可称为"联合性的核心家庭"？

在海外有两千万华侨，他们一向在侨居地保持一种"格堵"的形式，尽量保留中国的固有组织及观念，遥遥隶属于中国的固有社会结构。母国社会结构起了变化，这些附属的华侨社会也得有所改变。各居留地政治地位由殖民地变成独立国后，华侨社会更非有改变以求适应不可。纵然有不少拒绝适应的情绪，华侨社会大致上都将突破唐人街的边界，混合进当地的社会结构中。以后华侨在当地社会结构内的地位与角色，或者将视个人的职业与表现而定，易言之，华侨势将以个人的身份进入当地社会结构。而华侨以集体的身份进入当地社会，在一个短时期内，仍将是很可能的过渡现象。过渡时期的长短，就将视各地华侨社会结构严密程度、与当地社会的交互作用状况而定了，任何概括式的断语都将失之太泛。

传统中国社会经济史的若干特性

中国的历史不仅是一个民族或一个国家的历史。中国是一个庞大的组织,其中社会的、经济的与意识形态的脉络,交织成一个复杂的文化体系。因此,处理中国的历史,当与处理整个西欧史,或整个阿拉伯世界的历史属于同一层次,而不同于某一个国家的国别史。

有了这样一个前提,我们研究中国史,就必须有一层空间观念:中国这个地区,不能囫囵吞枣地当作一个性质单纯的单位。施坚雅(William Skinner)在其近作《中华帝国晚期的城市》(*The City in Late Imperial China*)中,按自然地形,把中国划成八个地区:西北、华北、云贵、岭南、长江中游、长江上游、东南沿海、长江下游,每一地区都有其经济功能。(Skinner, 1977: 275ff)他的分区法乃为清代设计,甚为允当。在每一个历史的时代,中国由文化与经济的功能来划分，都各有其特殊的区域分野。同时，由先秦开始，中国已有在核心区与边陲区的不同发展。大概言之，核心区人多地狭，可是文化发展居领导地位，也是政治权力的中心。边陲区则人少地广，又往往必须与民族主流以外的人群杂居混处，中枢政治权力在边陲不光打折扣，社会性的组织（如家族或乡里）也可能取代若干政府的功能。边陲区的经济发展，往往比较落后，因此一方面可能有地方性若干程度自给自足的性质；另一方面，边陲区由于经济发展的劣势，其资源与财力会被核心区吸取。在核心区与边陲区之间，另有一层中间区：在经济发展上居于核心区的高水平与边陲区的低水平之间；政治上已明确的地方政府，代表核心区的政治权力，却已不能再具有边陲区的自治程度。这样一个过渡地区，就团体对个人的控制而言，个人反而有较大的自由度。若作为图解，核心与边陲的两端，分别代表政治权力与社会权力的消长延续线，中间区则居于政治权力与社会权力皆弱的中间带。

从经济发展方面看，核心区属全国性整体交换网的中

心，专业化程度高，独立性较弱。反之，边陲区只在有限的程度上参加全国性的整合交换网，基本上保持了区域性的自足，在特殊情形下，甚至参与了附近国家的经济体系。因此，边陲地区的经济独立性较强，在整合体系中的专业性则较弱。若以图解示之，当如下图：

兹以实例来说明。两汉的核心区为关中与三河，边陲区为会稽、南方诸郡国及北方沿边诸郡国。在核心区已有高度发展的农业时，边陲区还只有比较落后的农耕。在核心区只有与皇权有直接关系的豪门大族；在边陲区则有一些地方性的豪强，俨然土皇帝。而在中间区，灾荒饥馑之时，铤而走险的现象最多，说明了那里政治权力与社会权力的约束都较弱。

再以清代为例。核心区是政治大脑的京畿与经济心脏的江南，由运河一线沟通联系。边陲区是沿边各省，而中间区是内地各省。论经济水平，江南不仅有高度发展的农业，也有所谓市民经济的工商企业。京畿则由江南哺养，京津一带也有高度经济发展。两地都无极大的大地主，岁歉时，两地也少饥馑。边陲地区中，不论蒙疆或沿海，都有若干对外的贸易，不全属于中国的经济体系。闽广的家族组织及北疆与西南的地方豪强，其对于个人的约束与控制力之强，为内地所无。中间区如陕、豫、鄂、皖及长江中游，每有歉岁，即有大兵。几次大规模的民变，或者起于此地（如白莲，如捻），或者起别处而以此地为主要活动地区（如太平天国的主要攻略）。

汉代、清代二例，颇足说明三层分区观念的意义。查尔斯·蒂利（Charles Tilly）在讨论西欧几个近代民族国家形成过程时，颇注意各地区的地缘政略条件，并由此说明各国内部结构的歧异。（Tilly，1975：601—638）中国内部没有分裂为若干独立国，其缘故一则在文化的凝聚力，一则在全国性经济交换网继续的扩展，不断将全国吸入一个整合的经济结构。然而各地的地理特色及其在全国政治与经济体系上的相对地位，终究会造成若干区域性的分歧，从而影响若干历史事件的发生及发展过程。

以上所指陈为空间性的因素。另一个该注意的现象是时间性的因素。历史本是绳绳延续的时间流，抽刀断水，永远不能切断前浪与后浪的推移。功能学派在社会科学的领域有重要的贡献，然而功能学派的理论只能解释某一时刻内各制度之间的依伏呼应，对于历史性的演变颇难有令人满意的解释。马克斯·韦伯（Max Weber）的"制度化"(institutionalization)及"传统化"(traditionalization)的理论几乎指出了事物在时间流上的发展。罗伯特·默顿(Robert Merton)提出的负性功能(dysfunction)也几乎说明了事物不能永远具有同样的功能。然而一直到最近,才有社会学的理论正面的处理"时间"这一个因素。(Giddens, 1979:198—222)

历史学是特别针对演变的研究,其着眼点本是时间。同一事物,经过岁月的迁移,其本质即已不同。在中国历史上,朝代由兴而衰,由治而乱,大家已视同常识。又如中国列代都有内朝逐渐演变为外朝,而由皇帝身边秘书组织取代为新内朝的现象。这也是制度演变的常例。若以功能逐渐转变为负功能而言,中国历史上的文官系统,往往由小而变大,冗员日增,其后果即由正面的服务功能逐渐转为尾大不掉、运转不灵的恶性官僚化。汉代的刺史、清代的督抚都是由督察性的职位转变为实务的行政职位,也当视作出现负性功能的现象。清代国家的军队,由八旗被绿营取代,绿营被团练取代,团练被新军取代。新者已生,旧者不去,陈陈相因,成为国家的大负担。以上皆是制度在时间流中转化的例证。

上述只是随着时间进行而生的转变,人际关系也有由一种形式转变为另一形式的现象。人与人相处,其间终有制人及制于人两种地位。制人的地位,也就是权力(power)。一般对于权力的了解，每以为是一种单向的约束与控制。吉登斯（Giddens）始指出，权力也是相对的，施者与受者都有一分影响在内。为此，权力有逐渐稳定的趋向，由特定的约束与控制转变为具有名分的优劣。（Giddens，1979：88—100）吉登斯的观察与艾齐奥尼（Etzioni）的分析颇可互相发明。艾齐奥尼认为权力有三种：强制的（coercive），以力制人；利禄的（remunerative），以利诱人；名分的（normative），以义服人。同时，接受约束及控制的一方，在其服从的程度上，大有差别。对于强力的反应是面服心不服，对于利禄的反应是计利害，对于名分的反应则是道义上的心悦诚服。三种服从方式与三种权力形态是相应的。理论上，其他六种配合方式未尝不能存在，事实上则以这三种相应方式为常见。（Etzioni，1975：3—16）这三种相应的方式，都会有合法化的趋势；甚至因为合法化的过程，以力与以利建立的权力很有可能发展为名分的权力，使社会组织更为稳定。（Etzioni，1968：360—381）

上述由某种权力形态转化为另一种形态的过程，并不是"老化"的后果，而仍是时间流上的转变，属于结构内在的转化。处理历史上的许多变化，这种转化观念极为有用。举例言之，中国朝代的建立，未尝不经过以力制人的阶段，而政权合法化之后，政治权力就演变为名分型了。清代以异族入主中国，经过顺治、康熙两代，政权就已经合法化，此是最显著的例子。中国的田东与佃户之间，原本只有经济上的租佃关系，然而这一层关系也会转化为近于主从的名分关系。社会关系的转化，与时间流有关，时间却不能必然地导致转变。中国历史上，儒家的人伦与名分观念，殆使这种转变更易于发生。

归结上述讨论，可知时间的进展可以使事物与制度的正面功能老化而成为负性功能，也可使社会关系由特定的畏威与功利的形态转变为稳定的名分关系。各种事物与制度的老化速度不属同步，各种不同的社会关系也未必同时转变。变化步调的参差遂可以造成大体系中原本已经适调的各个部分之间发生抗拒或推移，以求获得新的均衡与适应。以汉代早期的历史为例。汉室政权由战场上的胜利得来，是以高祖以至文帝，三世的政权都由帝室与功臣共同维持。但在汉室的合法性确实建立之后，汉室势需摆脱少数的功臣子孙把持政权的局面，转而发展更广泛的社会基础，培育以察举为登庸孔道的士大夫集团。景武二世诛灭汉初功臣子孙及地方旧豪族，都是这个求调适体系中的新成分。再以清代军队为例。军队的老化过程极为短促，无论八旗或绿营都不能长久地维持正面功能。相对地，文臣系统由于科学的制度化，长期保持其活力。于是稳定而保持正面功能的文臣系统终于占了上风，到太平军起的时候，团练就归文人组织与指挥了。这一番转变的后果，使清室皇权沦落到易受士大夫操纵的局面。

当然，清代的权力体系面临种种新的调适，牵一发而动全身，衍生的后果还不止于此。此处只举其一端以说明任何均衡（equilibrium）事实上都处于动荡之中，无时不因其中某一部分失去同步功能，而必须重新安排各部分之间的关系，寻觅新的均衡局势。

以上论例研究中国历史时必须注意空间与时间两方面。在讨论过程中，本文涉及了社会、经济、政治与意识形态四个领域。这四个领域恰是任何复杂体系的四个面。复杂的体系，都是为了组织人群以运用其资源。利用资源生产更多的资源及促成资源的流动，是经济的范畴；分配资源是社会的范畴；维持资源的运转及分配的秩序，是政治的范畴。说明及解释以上各种行为，而以符号作为解释的表征则是文化的范畴。这四个面的内容及如何安排这四个面之间的关系，使每一个文化体系各有特色，也各有其发展的过程。下文将讨论中国体系中这四个面的内容及其间的关联性。

先讨论经济面。《尚书·大禹谟》："水、火、金、木、土、穀惟修，正德利用厚生惟和。"颇说明了人类文化的目的在于利用资源，促进人群的生活及保持人群的和谐关系。利用自然资源的方式甚多：农牧渔林工商无不为已见的方式。中国人的祖先由新石器时已选择了以农业为基本生产方式。至晚在战国时代，中原的牧地及林地已逐渐变为农地。汉代的农耕技术，已发展到精耕细作的水平，而在人多地狭的核心地区，精耕农业已将畜牧业及工商业逐渐排斥。劳动力密集的精耕制，固然能得较高的单位面积产量，然而相对地要维持较多的劳动力，俾在农忙时投入生产。为了在农闲时劳动力不致投闲置散，中国农户发展了农舍手工业，以代替城市中萎缩的工场生产，提供加工产品。另一方面，最经济的精耕制必然会逐渐专业化，生产当地土壤及气候最适宜的作物。于是专业作物区之间也就难免因交换而产生贸易。在汉代遂因此而发展了精耕农业与市场交易相配合的农村经济。我以为汉代以后的中国经济继续保持了这种农村经济的特色。

在中国两三千年的历史上，这个经济制度有其来龙去脉。大概言之，西周的农业相当粗放，比较适于大规模的农田经营，相对应的是贵族庄园制，农庄内部是相当自足的。交易行为大约也在贵族手上，主要的交易项目不外珍贵的特产，供上层阶级享用。在春秋列国都有开拓土地的需要时，庄园制下的大量劳动力，投入了辟草莱的开垦工作。林地及牧地在《左传》中还颇多见，而在孟子时已变成濯濯牛山，只在记忆中还有过林木丰美的景观。战国时代是由粗放农业进入精耕农业的转型期。各国之间的疆界使中原三晋及齐国的众多人口尽可能利用已有的土地，精耕技术由此逐渐发展。诸国之间交通频繁，车辙马迹交于中国，对于发展区间贸易自然有重要的相关性。

汉代的精耕农业发展有其时代的背景。一方面由于中原核心区因人口众多而有增产的必要；另一方面政治权力对工商业的压制政策，使农村生产一枝独秀。精耕农业不能在大面积的农田上进行。劳动力密集的工作有高度的工作动机，更不能靠农奴或奴隶的集体劳动。因此汉代的农庄基本上是小面积的。即使常有大地主握有大量土地，农田经营的方式大约以佃户耕种小片土地为主，而不是大面积上的集体耕作。三国以后，中国分裂为南北。南渡的汉人进入广大的南方，土地有余，土壤肥沃，精耕农业无其必要，是以大面积的庄园由农奴耕作。北方的人口减少了，进入中原的五胡，武力掠夺土地，强迫汉人生产；而汉人子遗集结在地方领袖（大族）的农庄上，也发展了庄园制的经济。

隋唐以后，南北已垦地与人口比例逐渐减少时，小农庄的精耕制才逐渐恢复；而自给自足的庄园又逐渐被交换经济取代。三国至唐代的自然经济，当视作精耕制衰退的后果；而五代与宋以后复现的货币经济，当视作精耕农业恢复后的结果。同理，宋代以后的中国核心区，几乎只有租佃或自耕小农庄的经营，没有大型的庄园及集体耕作。

中国的精耕制，与众民少土的现象相伴相随。中国的边陲地区土地广袤，按理应有大量的移民移殖到边陲。然而精耕制下的农田，往往是几代人的辛苦经营，农夫不愿离开这一片经营许久的好地。因此中国人安土重迁，移殖的人口只是溢余的人口，移民并不能降低人口的饱和密度。移殖的人口在新土地上,往往也密集地居住在最好的谷地或平原,人口不到饱和点,不再更进一步地移殖不毛之地。于是,即使在新土地上,移民又很快地用密集劳力改变粗放农业为精耕农业。中国土地不为不大,移民开拓新土地的速度则相当缓慢。三千多年向南方开拓;到今天,西南各省人口的分布仍旧很不均匀。这种安土重迁的习惯,使中国经济形态始终为小农精耕与市场交换的农村经济。技术的进步及新土地的开拓,只是增加农业人口的数量,不能改变农业经济的本质。(Elvin,1973:285—319)

在农村经济网络之下,中国城市只是全国交换网里面的集散中心。城市与农村互相依赖,施坚雅称之为一个金字塔下的各个层级。(Skinner,1964:3—43)中国的城市与农村关系,迥异于西欧近代以前城乡对立的局面。为此之故,传统中国的财富与人才并不集中于城市,反而相当地扩散分布于广大的农村。在近代,中国经济结构因纳入世界系统而起了极大的变化。对外贸易的通商口岸,并不是传统中国的产物。近代中国有城乡对立与疏离,这是今天许多发展中国家共有的现象。

再说社会组织与社会关系。人群的结合可有许多不同的方式:以血缘结合的为家族,但是家族的周延仍有许多方式;地缘结合为邻里乡党,其周延也大有伸缩。此外,以信仰结合的,是敬香团;以年龄结合的,为人类学上的年龄群；以出生结合的，为种姓（caste）；以职业结合的，为工会；以志趣结合的，为近代的党派及种种俱乐部。各种可能性中，本无孰优孰劣的区别。中国的社会组织，选择了血缘与地缘两个方式，而尤以血缘团体的家族与宗族为最重要。

中国历史上宗族的出现，商代组织如何，颇难稽考。周代的宗法制，本是姬姓贵族为了保持团结与认同而发展的组织，小民百姓并不在宗法系统之内。到了春秋战国，社会变动剧烈，贵族宗法系统已不再生效，小民百姓也可能有家庭，而未尝有家族或宗族。

秦法鼓励分异，更不利于宗族的发展。当初重乡里组织，可能因为地缘团体比血缘组织更有影响力。另外，皇权的建立，天子之下，齐民均业，家族与宗族不再为贵族阶级所独占。儒家伦理中，"孝"的观念，与精耕农作对劳动力的需求，两者配合遂使家族组织普及于中国。东汉开始的向南开拓，延续到南朝。移殖的人群，往往依赖家族组织向新土地进发，也在新土地上落户生根。政治权力鞭长莫及的地方，家族担任了主要的社会控制功能。"五胡"进入中国，北方的汉人也依靠家族为自卫的组织形态。《颜氏家训·风操篇》指出南北风俗不同。在亲属称谓方面，南方人在三代之内尊卑长幼极为清楚；此外则凡同昭穆，不论亲疏，以兄弟相称，长辈则以尊为称；对外人则一概称为族人。北方风俗，不论远近，概以从叔为称。表面看来，北方人互称较亲

传统中国社会经济史的若干特性

密，实际上则只是一个广泛而松懈的组织。南方人的宗族组织，三代之内关系清楚，当是较严密的亲属单位。逾此便只以族人相称，便仅是核心单位的外延了。两者相较，南方人的实际亲属单位较小，北方的则周延较广泛。大约南方为新开拓的移殖地，一起行动的单位，不会超越三代亲属。北方人留在原来居地，歌于斯、笑于斯，聚族于此，遂族属较多。《颜氏家训》同篇，南方人重别离。在新开拓的地方，一去故地，别易会难，足以说明南方族属较小的原因。隋唐高门大族，重视谱系，当兼顾南北之俗，一方面肯定近亲族属，另一方面与别的房分，保持了"联盟"的松懈关系。中唐以后，谱学衰微，则是联盟关系不复存在了。宋以后，宗族不是高门大族所独有，庶民以儒家亲亲之谊，也把三代五服之内的亲属视同家人。然而更大的宗姓组织则事实上已不过具文而已。宋以后的制度，虽仍有南北之分，大体言之，在上层阶级族制较严，在乡村族属较大。在南方闽广新拓地区，族大而时有房分的分裂为新单位，仍与南北朝时南方情形相同。（Maurice Freeman，1958 & 1966）至于近代，都市化现象日剧，族制渐消失，只有核心家庭是真正的亲属单位了。

在强烈的亲亲观念下，中国发展了不少模仿亲属的拟似亲属组织。海外的宗亲会，只认姓不问谱，是一种拟亲组织；秘密社团成员以兄弟互称；各业师父与学徒之间，亲同父子；这些都是模拟血缘团体的社会关系。如谓血缘组织之为中国最重要的社会团体形态，也就不为过言了。

相对言之，地缘组织的约束就小得多了。汉初邻里乡党的作用甚大。此后则地缘与血缘有时重叠，表现为单姓村。大体言之，虽然有远亲不及近邻的谚语，邻居到底不如亲属。然而在血缘组织较弱时，如在宋以后都市化的现象较强的情况下，邻里的作用就大了。通俗文学作品中的里间小民（如武松杀嫂一段），邻里有相当密切的关系。在施坚雅的集镇系统理论中，地缘单位可大可小，颇有伸缩余地。（Skinner，1971 ff）此中经济意义，大于社群结合的意义。不过，凡遇全国商品交换网因内乱外患而分裂为地域性的网络时，地缘组织无疑会有更大作用。此外，中国方言歧出，也是突出地缘关系的因素。海外侨民组织，同乡会的力量不比宗亲会小，即因海外已不在国内全国交换网中，地缘单位不能再有伸缩余地，反而成为固定易知的社群了。

在经济与社会之外，当再论政治组织。西周封建，贵族对于小人，全是以力制人。贵族彼此之间，则有以利相结的封建，而以亲属与名分，加强其联系。封建既久，上下之分已定，政治权力的合法性也就奠定了。春秋战国两期，各国政治权力不断地经历重组过程，最后确立在君主为雇主、臣僚为被雇者的相对关系上。这种关系，经秦汉统一，成为皇帝与臣僚之间的基本形态，诚如俗谚所谓"学成文武艺，货与帝王家"。儒家的伦常观念，对这种利禄结合的形态加上了一层名分关系。天命无常的维德理论，又对居于雇主的君主加了一层约束，使君臣两方面都从属在德行的原则下。汉代政治已开始有此特色，此后则以宋代的政治最为儒家伦理化。君臣之分已定，也可看作韦伯所称的制度化。

中国的政治权力，因其着重德行而导致中国官僚组织发展为具有独特势力的政治因子，足可与君权相抗衡。政治权力遂常在强制型与名分型两端之间动荡。君权每欲逞威肆志，儒家化的臣僚则每以德行约束，因为尊重名分，于是必须自制而不求过分。表演于实际政治斗争上，则为君主挟其恩幸、外戚与宦寺构成轩轾的一端，内外臣工则依仗行政权力构成轩轾的另一端。韦伯认为典型的官僚组织是纯粹技术性与服务性的（Henderson & Parsons，1974：329—341），然而中国的官僚组织因其拥有儒家理论的解释权，其重要性就远超过韦伯的典型官僚组织的专业性了。中国的官僚组织因此有义理性格，也有特定的取舍标准，并不是为任何政治权力服务的盲目机器。

官僚组织可发展为完全顺服于君主的政治工具，也可发展为求自我利益的自主性组织，历史上的情形当然在二端之间。（Eisenstadt，1963：276—281）在中国，官僚组织毋宁具有偏于后者的倾向，主要原因当在于有其自我延续的制度，或以察举征辟，或以考试登庸，选择一代一代的接棒人。尤重要者为，有儒家的意识形态为思想的依归，以保持其目标方向。当然，历代官僚组织又可大致分为两个类型。南朝至中唐，世家大族把持进身之阶，使官僚组织由一小群社会上层垄断——这是以团体自身利益为目标的自主型。唐宋以下，以经义取士——这是以延续团体自身意识的自主型。汉代察举当属于这两者的混合型。

官僚组织有其特殊的功用，在马上得天下的皇权必须依赖士大夫治天下。官僚组织有其自我延续性；皇帝可以任命官员，皇帝却不能任命士大夫的身份。两个因素加在一起，使中国的官僚组织呈现两个方面的特点：一方面，百官臣僚的正式组织，是政权运行的重要成分；另一方面，士大夫（或缙绅）构成正式政权系统以外的非正式政治权力。两者之间当然是不可分割的。正如彼得·布劳（Peter Blau）在其对官僚制度的研究所说，非正式的人际交往与消息传递，不仅可以补正式系统运行之不足，有时甚而更有过之。（Blau, 1964: 221—222，285—286）在乡的缙绅，与在朝的官员之间，或则本为亲友，或则有互利的交往、交情，构成了非正式的权力网络。非正式网络与政府的正式机构同样上通下达，两者原是平行的。不过由在乡缙绅发动的交情网以地方为出发点，其动向是由下而上的，异于政府行为之由上而下的动向。本文曾提到中央与地方的对立关系。正式官僚组织与其孪生的缙绅非正式网络，遂构成双向的交通，皇权至多只在正式官僚组织上产生作用；皇权根本不能介入由下而上的非正式系统。因此，中央与地方有不可解决的冲突时，无论孰胜，当时的皇权大约总成为牺牲者。东汉地方势力高涨，倒霉的是刘姓政权。清末疆吏权重，变法者多以省份为变法单位，终于导致清室覆亡。中国历史上，处于分裂局面的时间约占整个时间的三分之一。本文前面曾引施坚雅的理论，谓经济自足的地方单位，其周延颇有伸缩余地，大者兼数省，小者不过州县之一乡。凡中国分裂时，地方政权未尝有人才不足之叹，主要即由于缙绅的非正式网络原是以本乡本土为其运作的基础。

论政治权力时，当然不能不论及军队的功能，因为中国的政治权力，即使由征伐起家，往往很快即转化为各分型的权力，象征强制型权力的军队遂不能不退居于次要的地位。不过，如逢皇权与士大夫权力发生冲突时，军队的偏向就举足轻重了。每在国家分裂之时，武人以军阀身份扮演主要角色。基本上，武人主政的情势，当视作强制性政治权力尚未合法化（或也可认为合法化过程流产）。在武人主政的割据地区，武人不能不用当地士大夫辅政。事实上，这也是皇权与士大夫势力共天下的一个雏形。

最后，必须讨论中国历史上的意识形态。经济决定论的唯物史观，以及结构决定论的功能学派，都以为历史过程中个人不能有多大的抉择，以影响演变的方向。马克斯·韦伯及埃米尔·涂尔干（Emile Dukheim）强调意识形态对行为的影响。前者认为信仰确定了行为的价值；后者认为意念的规范使个人的行为有所遵循。吉登斯由韦伯的理论基础上更进一步，以为人在有所抉择时，对于其所处的社会体系具有充分的了解，而其所作所为，往往依据其意志，并因此而对于其社会体系有所兴造或再现。（Giddens，1979：1944）由此推衍，一个文化系统的意识形态与社会成员的作为，事实上当有行为不断适应意念，却也不断修改意念的过程。中国历史似乎可为这个观点提供佐证。

以天命靡常为政权合法化的依据，自此以后，中国的政治哲学始终在这个基础上开展。孟子的君臣行为相对论及汉代的天人感应，逐步走向天视自我民视，更走向宋代以性理及伦常纲纪为政权的根本。在这个过程中，一方面可以有黄巾以至白莲教的肯定臣民的权利，另一方面则有纲常万古不能改变的保守论调。不同的理论支持不同的行为，而不同的行为也提出不同的理论。不仅儒家思想有如此弹性，道释两家也都有广大的伸缩幅度。

然而，反过来说，中国历史上的治乱也总是在这几家意识形态的规范下发展。以历史上的农民战争作为例子。汉代的思想界关心的是形而上的宇宙秩序，遂有董仲舒、扬雄诸人为汉室肯定一个皇帝治下的宇宙秩序，而黄巾起事的口号也是迎接新秩序的来临。佛教传入中国后，宇宙秩序被众人的内心世界取代了。不论是弥勒抑或是明王，救世主带来的是拯救个人的苦难，新天地并不必定是新秩序，而只是排除了现世诸苦。再以人性观念的演变为例，由汉代天、地、人三才的理论，变到宋代的性理，而变到明代王学以人人都可为尧舜。以佛教教义的演变为例，唐代诸宗派逐渐消失，而兴起的是净土与禅宗。凡此，都说明了中国历史上意识形态的特点是由形而上走向俗世，由集体意念走向个人意念，与此相对应的趋势是社会群体的逐步平等化及皇帝下特权阶层人数日少，齐民百姓渐多。同样的趋势表现于经济发展方面，则是核心区逐渐扩散，全国各区间的贫富差距逐渐缩小。城市日多，行业日众，小民生活水平也大致日益提高。卡尔·曼海姆把思想分为乌托邦与一般意识形态两种。前者以揭橥新体系为向往的目标，后者则为传统的体系辩解。（K. Mannheim，1936）在中国历史上，一般意识形态出现的频率远比乌托邦出现的频率高。其中缘故，当出于中国的社会经济体系，须在安定与平衡中发挥最大功能。动乱，即使是为了求改进而起的动乱，总不免搅动平衡的状态。因此，即使具有反叛性的释道及农民信仰系统，也往往发展出一套自有的传统，而难得出现完全翻新的思想体系。儒家有一个道统的观念，士大夫持此观念站在与皇权法统平等的地位，争社会的领导权。同样地，释道以至白莲、洪门，都多有相承的传统。欺师灭祖是秘密社会最忌的戒条。中国思想基本上具有维持现世已有秩序的稳定性格,与社会、经济、政治三环的特性相应而发展。

总之,中国文化的四个范畴相应相生,合为一体的四面,其主要内容都在维持一个平衡的流转运行体系。各面之间的相互关系,可参考附图:

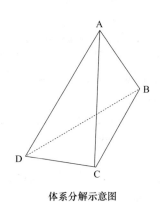

体系分解示意图

ABD面:政治范畴
BCD面:意念范畴
ABC面:经济范畴
ACD面:社会范畴
AB:市场网、城乡的整合系统
AC:精耕细作的小农经营
AD:官僚制度下君权与士大夫社会势力的相合或对抗
BC:义利之间
CD:五伦与修齐治平的扩散程序
BD:道统与法统

本文系为"中央研究院"中国社会经济史暑期研讨会而作,在第一次讨论时,提出作为讨论的提纲。本文涵盖广泛,文字却甚简短,语焉不详之处,在所难免,但祈读者举一反三,自作延伸。

本文参考书目

1　Peter Blau, 1964, *Exchange & Power in Social Life* (N. Y.: Wiley &

Sons).

2 S. N. Eisenstadt, 1963, *The Political System of Empires* (The Free Press of Glencoe).

3 Mark Elvin, 1973, *The Pattern of Chinese Past* (Stanford: Stanford University Press).

4 Amitai Etzioni, 1968, *The Active Society: A Theory of Societal and Political Processes* (The Free Press).

5 Amitai Etzioni, 1975, *A Comparative Analysis of Complex Organization* (New & enlarged edition, Free Press).

6 Maurice Freedman, 1958, *Lineage Organization in Southeastern China* (London: University of London).
   Maurice Freedman, 1966, *Chinese Lineage & Society: Fukien & Kwantung* (London: University of London).

7 Anthony Giddens, 1979, *Central Problems in Social Theory: Action, Structure and Contradiction in Social Analysis* (Berkeley: University of California Press).

8 A. M. Henderson & T. Parsons, 1947, *Max Weber: The Theory of Social and Economic Organization* (Glencoe: The Free Press).

9 Karl Mannheim, 1936, *Ideology and Utopia* (N. Y.: Harcourt Brace & World).

10 G. William Skinner, 1964, "Marketing and Social Structure in Rural China, Part 1", Journal of Asian Studies, 24: 1 (1964), pp.3-43.

11 G. William Skinner, 1971, "Chinese Peasants and the Closed Community: An Open and Shut Case", *Comparative Studies in Society and History*, XIII (1971), pp.270ff.

12 G. William Skinner, 1977, *The City in Late Imperial China* (Stanford: Stanford University Press).

13 Charles Tilly, ed., 1975, *The Foundation of National State in Western Europe* (Princeton: Princeton University Press), "Western State-making and Theories of Political Transformation", pp.601-638.

社会学与史学

一、史学与社会学的异同

史学与社会学的起源不同,演变各异,但是两者的对象则相同——都以"人"作为研究的对象。两门学科的学者,在过去往往互相轻视,原本应该携手合作的伙伴,变成了相互猜忌的敌手。社会学学者只在一时一地收集资料,轻易地用来推论出一般性的结论;而史学工作者也往往自囿于小圈子的工作,忽略了可以通过比较研究获得丰硕结果。社会学学者常不能避免错用因果律的毛病;史学工作者又往往不愿借助于其他学科已经建立的理论,反而沾沾自喜地依赖直觉。于是本可以珠联璧合的学科,在各自分道扬镳的局面下,不免遭受离之两伤的命运。

本文用不着列举两门学科的同异,因为两门学科本身范围内还有着许多性质各别的分支。但从基本的性质说，史学的重点似乎集中在事件与行动的顺序及发展线索，以事件的主人翁作为表象的焦点；而社会学毋宁着重在事件与行动的形态及其转变，社会包含了许多个人，个人只是社会力量的产品。

既然学科间的差异主要基于所处理的问题，不在于对象，社会学与史学之间的差异，自然也就很明显了。所有的社会科学（包括史学在内）虽说都以人群及人际关系为对象，方法到底因为研究过去社会抑或目前社会而有所不同。处理过去的社会，我们不能不使用文字、遗物，诸如此类已经定了型的哑巴资料，于是史学家必须学会披沙拣金，辨别价值的方法。不过当今之世，有许多资料，如贸易数字、人口统计……都可为明日史学家用作重要史料；史学家似乎正应该与社会学家合作，收集这种资料，保存这种资料。

研究过去有其便利处，至少其价值已经多少确定了。但是研究过去也有其不便利处，因为事件已成为记载，而记载与事实之间，不免有极大距离，前者往往只能包含后者极小的一个部分。任何读报纸的人都会同意，新闻的不尽不实是不可避免的现象。研究当代社会的人却反而有材料多得无从措手的苦处，资料遍地皆是，但他必须从这些林林总总的现象中寻觅经络所在。换句话说，社会学家不仅要自己找材料，还须自己找假定，从"假定"有关的部分去设计方法，让材料说出话来。不仅哑巴材料要有意义，如何叫访问对象说话也是一桩学问。同时，诸如统计、选样等诸多方法，也有其本身的陷阱，学者一不小心，也会受材料的愚弄而不能自拔。不过从大体来看，社会学由于资料的丰富，对于了解"人"的工作无疑远胜于史学。

史学纵然在材料丰富这一点上不及社会学，可是史学所涉的时间长度是整个人类群体生活的时期，其中现象多姿多彩，也是社会学家处理目前有数几个社会所不能有的。史学在比较研究的园地，毋宁为社会学家保持了一片大可驰骋的原野。[1]

有人以为史学是叙述的，社会学是分析的，其实这个分野颇为勉强。叙述与分析两者本身就必须相辅而行，要作分析，必须有可靠的叙述为依据；要作叙述，也必须先确知要讲的项目和性质。史学家研究载籍、爬梳资料时，不能不先有分析的眼光，认明问题，才谈得到从素材中提出铺陈的内容；社会学家作统计或填访问表格时，也必须把结果归结为一种叙述，做次一步工作的基础。两者都认为一些"事实"

---

[1] 参看 P. Gardiner (ed.), *Theories of History* (New York, 1959); P. Gardiner, *The Nature of Historical Explanation* (London, 1952); F. Stern (ed.), *The Varieties of History* (New York, 1960); E. H. Carr, *What is History* (London, 1961); W. J. Cahnman & A. Boskoff (ed.), *Sociology and History* (New York, 1964)。最后一本最新出，本文颇取材该书，特此声明。

的条理，有助于廓清某一个问题。

叙述与分析的相辅相成，可举科林伍德（Collingwood）的意见来讨论。科林伍德以为对于事件"适当的"叙述即对事件的解释。[1]在这一个兰克（Ranke）式的定义中，科林伍德加上了"适当的"三个字。所谓"适当的"叙述，至少应该包含某些因果的解释及或显或隐的一些假设。皮雷纳（Pirrenne）的定义就更清楚了。他指出三点[2]：第一，不管是过去还是现在，全部事实的全部叙述是找不着的；第二，为了在实际存在的空白之间架上桥梁，研究者不能不发展一些假设，而其基本性质正是暂时性的、为工作方便而作的分析，这种分析当然要因证据而修正；第三，既然事件本身不会说话，史学家也罢，社会学家也罢，必须将资料整理为系统的陈述，使同行或一般读者知道其中意义。这种整理工作，无疑先要把某些隐含的或者假定的关系，加诸事件遗留的资料。叙述正是分析的萌芽，两者由经过训练、经过控制的想象，互相补充，互相配合，以产生所谓的解释。

也有人以为史学注重单一事件，社会学注重一般原则。这个误解的产生，部分地由于误解了科学方法的程序和目的。所谓单一性或普遍性，并不是事实本身具有的特性，这

---

[1] R. G. Collingwood, *The Idea of History* (Oxford, 1946) p.177.
[2] H. Pirrenne, "What are Historians Trying to Do", in H. Meyerhoff (ed.), *The Philosophy of History in Our Time* (Garden City, 1959).

些名词仅是用来了解事实的分析型。假使要着重单一性，我们可以有无数片树叶的单一性，各具异相；假使我们要着重普遍性，所有的柳树叶具有同相，所有的树叶具有同相，甚至所有的叶子具有同相。自其异点观之，万物莫不殊；从其共同点观之，万物莫不齐。观察者与研究者本身的立场，决定了对象的单一特殊性，抑或普遍一般性。而过分地强调极端，只可能导致难以解决的难题。以为诸物皆殊时，系统的知识将不可能；以为诸物皆齐时，整个知识又成了一片混沌。

注重单一性的著名史学家，如兰克，他不愿接受这种兼重单一性与普遍性的态度，对于把普遍性加诸单一事物的想法，很不以为然，认为单一个体各有内在的性格决定其动向[1]。人类学家克鲁伯（Kroeber）也以为单一事件的重要性，在于构成诸相各异的形态，不应当由一个公式来表示。[2]换句话说，在全貌中建立与发展各种形态，事件的单一性与普遍性原则并无关系。然而，我们再申论一步，颇可看出研究者无妨于尽量找出事件的多种多样性，以作为另一全貌体的对比，从而发现其中的同和异。对于单一性的注意，正是发掘普遍性的必要过程，两者的配合方才可以产生解释。单一事件，作为个案，只够建立一般原则，只有和许

---

[1] G. G. Iggen, "The Influence of Ranke in American and German Historical Thought", in *History and Theory*, Ⅱ, 1 (1962).
[2] A. L. Kroeber, *The Nature of History* (Chicago, 1952), p.86.

多相关相连的个案通盘观察，方足以证实某一原则。但这个原则以社会科学性质说，终究只是或然的。

既然谈到或然，我们就不能不讨论所谓自由选择与必然决定的关系。有些人也用这两点作为史学家与社会学家的区别标准，以为史学家的眼光专注于有自由选择权的行为主体，而社会学家的眼光专注于个人难以摆脱的大趋向。换句俗话说：究竟英雄能造时势，还是时势能造英雄？理论上来说，英雄有许多可以选择的途径，他的抉择是一种自由。说到为什么某一抉择被选时，史学家不能不为我们的英雄找出一些理由，而这些理由正是所谓具有决定性的因素，有的来自环境，有的来自个性，有的来自其个性对环境中社会力量的估计。英雄似乎仍有许多牵绊，又似乎很难与时势分开。

还有许多人，对于史学和社会学的分野，以为史学注重因果，社会学注重法则。说到因果，我们必须注意，"因"与"果"都是人挑选出来的东西，史学家必须小心地从错综复杂的现象中分析解离。过程和结果都不能摆脱偏见，再加上人类的社会不是实验室，这些分析解离后的果，不可能有一个"控制下"的单纯实验加以复核。史学的对象，历史的环境，毋宁是一大串互相倚伏的因缘，无始也无终。因无量数，果亦无量数。因生果，果生因，因果相逐，无尽无休。这一大堆因果关系，不容易简化成单纯的原则。但是，史学是对变化的观察，这些观察本身则不仅可以描述，而且可以比较，可以评估。换句话说，史学家的对象林总万象，情势也非变动不居，然而史学家仍可辨认出若干最重要的因素。尽管相同因素造成的情势未必都一样，但其中总有一些可以对比而引出某种解释的东西。在限度之内，比较研究可以证实或否定某一因果解释。

早期社会学，曾经认定了要追寻单一的因果原则，至今还有若干史学家为此对社会学不无猜疑，也有人凡用到"社会学的方法"一词时，总误以为相当于社会经济决定论。[1]事实上，社会学家早已放弃了追寻放诸天下靡不合的金科玉律。大多数的社会学家，只应用一些中距离的理论，找相当的社会，来研究其中诸变相的适度因果关系而已。一般言之，这个态度牵涉了比较研究，而要求设立若干历史上的重要类型。既然遵循某一单线解释的方法不可靠又不可能证实或否定，也只有比较研究可以导致有限度的因果解释了。史学家即使未必有意识地如此做，恐怕也不易有其他立场。

由前述讨论，史学与社会学之间实在只有课题的不同，而未尝有基本立场或方法的不同。反过来说，两者应当辅车相依，社会学可以提供史学学理的观念，史学可以提供无数

---

[1] Collingwood, op. cit., Part 5; K. Popper, *The Poverty of Historicism* (London, 1957), chap.2, 4.

倍于现存社会的历史社会，以作比较研究的素材。史学家对发展的了解，无疑也有助于拓展社会学研究的时间纵深。

二、史学与社会学合作的成绩

在最近一个世纪内，社会学与史学的结合，产生了许多丰硕的果实。在两个园地交界处工作的学者，似乎多多少少地牵涉某几个共同课题。有若干学者试图了解一两个特种社会形态的出现与演变，尤其曾经有过人口、经济及社会转变的"都市化"，从事欧洲古典期或中古期的因果线索及社会结构的颇有著名人物，如库朗日（Coulanges）的《古代城市》[1]，格洛茨（Glotz）的《希腊城邦》[2]，皮雷纳的《中古城市》[3]，莫尼耶（Maunier）的《城市起源》[4]，梅特兰（Maitland）的《都市与镇集》[5]，布洛克（Bloch）的《法国市镇》[6]。在美国，阿德纳·费林·韦伯（Adna F. Weber）则致力于19世纪的都市[7]，紧接下去的学者，对于美国18、19

---

[1] F. de Coulanges, *The Ancient City* (New York, 1956).
[2] G. Glotz, *The Greek City and its Institutions* (New York, 1930).
[3] H. Pirrenne, *Medieval Cities* (Garden City, 1956).
[4] R. Maunier, *L'Origine et la fonction conomique des villes* (Paris, 1910).
[5] F. W. Maitland, *Township and Brough* (Cambridge, England, 1898).
[6] Marc Bloch, *La France sous lex demiers Capetiens* 1223-1328 (Paris, 1958).
[7] Adna F. Weber, *The Growth of Cities in the Nineteenth Century* (New York, 1899).

世纪的城市发展更有详细的研究[1]。

同样的方法也应用于当代都市研究，参加工作的有社会学家、人类学家、史学家、地理学家各种各样人物，用到的素材包括报纸、人口统计、日记及公家档册。这些研究都市化及工业化现象的学者们，有的由政治经济诸种制度的历史分析，追溯一个社区的发展；有的由追溯社会阶层化及政治权力结构的大势，作相当详尽的探讨。林德（Lynd）研究"中镇"（Middle Town）的两部作品，即利用史料对一个社区进行四十年跨度的考察[2]。林德在1890年、1924年、1935年，三度调查印第安纳州一个小城的六个区域，主要目的在于了解工业化对于一个社区的影响。另外一个同样著名的研究，是华纳（Warner）[3]的杨基城（Yankee City），用麻省纽伯里波特（Newburyport）作为对象。可是华纳不曾利用历史性的资料，只凭一时的调查撰述，结果自然缺乏时间深度，一切都只能局限于对当地居民当时的了解，在深度上，甚至在真实性上，都因为历史资料未经应用，历史演变观念未被应用，而显得很不够。

---

[1] B. Mckeloevy, *The Urbanization of America*, 1860-1915 (New Brunswick, 1963).
[2] R. S. Lynd and H. M. Lynd, *Middletown* (New York, 1929), *Middletown in Transition* (New York, 1939).
[3] W. L. Warner and P. S. Lunt, *The Social Life of a Modern Community* (New Haven, 1940). 参看 M. R. Stein, *The Ecllipese of Community: An Interpretation of American Studies* (Princeton, 1960).

第二个广袤的天地是区域文化的个案研究,社会学家与史学家的素养在这一课题上都同等重要。这一方面名家也接踵而至,例如布克哈特(Burckhardt)的《意大利文艺复兴时期的文化》[1]、赫伊津哈(Huizinga)的《中世纪的衰落》[2]、马克斯·韦伯的《新教伦理与资本主义精神》[3]、德·托克维尔(de Tocqueville)的《论美国的民主》[4],其中甚至还可以包括汤因比(Toynbee)的《希腊历史研究》[5]、理斯曼(Riesman)的《孤独的人群:美国人性格变动之研究》[6]、魏特夫(Wittfogel)的《东方专制主义》[7]。这一堆的名字中,布克哈特可称为很好的代表,他以为他的动机不是作编年史,也不是一心想着进展观点的历史哲学,而是寻找"重现的""固定的"和"典型的",因之布克哈特未尝缕述意大利14、15和16世纪时代所见所闻,而是注意到思想与动机

---

[1] J. Burckhardt, *Civilization of the Renaissance in Italy* (B. Nelson and C. Trinkaus, tr., New York, 1958).
[2] Johan Huizinga, *The Waning of the Middle Age: A Study of the Forms of Life, Thought, and Art in France and the Netherlands in the XIV and XV Centuries* (F. Hopman, tr., London, 1937).
[3] Max Weber, *The Protestant Ethics and the Spirit of Capitalism* (T. Parsons, tr., London, 1930).
[4] A. de Tocqueville, *Democracy in America* (New York, 1945).
[5] A. J. Toynbee, *Hellenism: The History of a Civilization* (New York, 1959).
[6] D. Riesman, *The Lonely Crowd: A Study of the Changing American Character* (New Haven, 1950).
[7] K. A. Wittfogel, *Oriental Despotism: A Comparative Study of a Social Power* (New Haven, 1957).

的情况，注意到无拘无束的个人的出现是这三百年来的主调。我们不难看出，布克哈特的近古欧洲是单一的时空，但他由这一时期历史引出的结论，在近代的其他地区也有意义。

上述几位学者的工作之间的关系也很有意思，代表了学问继踵接武的累积。布克哈特关于意大利文艺复兴的研究，引起了赫伊津哈对中古末期的研究，而对于基督教文化的探讨，则推马克斯·韦伯的新教伦理为最重要。韦伯一生的著作，由他早期研究德国主佃关系，以至大部著作如中国宗教、印度宗教和古代犹太教，似乎都用来说明文化与社会的关系，尤其是文化中某一意识形态、社会结构与经济模式之间的互相关联，他的作品堪称近代不朽之作，开启了经济史、宗教社会学、社会史各学科的新门径，韦伯的方法学提出了以理想的形态作为比较研究不可少的标准尺度，由这一个方法，研究人文及社会学科的人，开始借助各种千变万化的历史形态，抽绎出合理的"应该如此的"理想型，再将实际发生的历史形态与这个标准尺度复检，找出与后者歧异诸点的函数关系。经过这一番分解抽离，史学及社会学有利用近乎实验方法的可能，不过这个实验不用试管仪器，用的是严格的理性思维。这个有准则的比较研究，绝不同于一般把貌似类同之点轻易比附的所谓"比较法"。韦伯的另一方法学上的贡献，是提出某一单项因素来讨论其他现象。这种因素间的倚伏呼应，借用数学名词，是建立函数关系；若借用生理学的名词,却又当称为功能关系。[1]托克维尔研究美国文化,用的也是同一方法,他在讨论美国民主的著作里,虽然涉及林林总总的制度与观念,虽然追溯许多因果,但他把这一切都归结为一句话,认为是受了"人类处境平等的影响"[2]。这种驾繁驭杂的手法,主要在于观察一个整体——文化也罢,社会也罢——及其中各部分的互相作用。由此所发掘的主函数,并不等于单一原因决定论所持的某一根本因,这是读者必须切记的。

与上述方法学相伴而来,有些学者遂注意于探讨某一个社会中,某几个主要制度间的交互作用及制度演变的方向与模式。最常见的研究,是讨论经济制度与政治制度间的关系,或者宗教与政治经济间的关系,甚至宗教思想与科学间的关系。这一类的著作,着重在制度交互过程中的变动,及变动对社会所生的后果。变动的观念,显然符合史学的态度,而社会制度的观念,又显然在社会学的领域内。这一个范围自然成为史学与社会学的共同园地了。

---

[1] 关于韦伯的著作,多如牛毛,最好的讨论是R. Bendix, *Max Weber: An Intellectual Portrait* (Garden City, 1960)。他的经济史研究有 *General Economic History* (F. H. Knight, tr., New York, 1950),他的方法学有 *The Methodology of the Social Sciences* (E. A. Shils and H. A. Finch, tr., Glencoe, 1949)。又有别人的分析,如F. A. Hayek, "Scientism and the Study of Society", in *Economica*, new series Ⅰ (1942), Ⅱ (1943), Ⅲ (1944)。

[2] A. de Tocqueville, op. cit., Ⅱ, Preface vvi.

这种史学与社会学结合的著名例子，是梅因（Maine）的《古代法》[1]，库朗日对于古代都市与宗教关系的研究[2]，皮雷纳的中古及近古欧洲城镇[3]，马克斯·韦伯对于城乡社会结构和他的宗教与社会经济的比较研究[4]，布洛克的中古法国封建制[5]，罗斯托夫采夫（Rostovtzeff）的古代希腊与罗马帝国[6]；其中甚至还可以加上人类学家如雷德菲尔德（Redfield）和米尔顿·辛格（Milton Singer）共同促成的一连串各种文化的比较研究[7]。凡此都代表学者对于文化与制

---

[1] H. S. Maine, *Ancient Law: Its Connection to the Early History of Society and Its Relation to Modern Ideas* (New York, 1864).
[2] F. de Coulanges, op. cit.
[3] H. Pirrenne, *Les villes et les institutions urbaines* (Paris, 1939); *Economic and Social History of Medieval Europe* (New York, 1937); A. F. Havighurst, *The Pirrenne Thesis: Analysis, Criticism, and Revision* (Boston, 1958).
[4] 马克斯·韦伯的书籍见468页注①外，直接与这个课题有关的，如 *Law and Economy in Society* (M. Rheinstein ed., Cambridge, 1954); H. H. Certh and C. W. Mills (ed.), *From Max Weber: Essays in Sociology* (New York, 1946) Parts 3, 4.; Max Weber, *The City* (D. Martindale and G. Neuwirth tr. and ed., New York, 1958). *The Religion of China* (H. Gerth tr., Glencoe, 1951). *The Religion of India* (D. Martindale and H. Gerth tr., Glencoe, 1958). *Ancient Judaism* (H. Gerth and D. Martindale, tr., 1952). *The Theory of Sociol and Economic Organization* (A. M. Henderson and T. Parsons tr., New York, 1947), *The Sociology of Religion*, (E. Fischoff tr., Boston, 1963)。
[5] Marc Bloch, op. cit; 又同一作者，*Les caractères originaux de l'histoire rurale franailse* (Paris, 1931). *Feudal Society* (L. A. Manyon tr., Chicago, 1959)。
[6] M. I. Rostovtzeff, *Social and Economic History of the Roman Empire* (Oxford, 1926). *Social and Economic History of the Hellenistic World* (Oxford 1941).
[7] R. Redfield and M. Singer (ed.), *Comparative Studies in Cultures and Civilzations* (The American Anthropological Association 1954).

度的兴趣。

单取一个例子以觇其余：马克·布洛克把封建制度的研究和其他各地区的分别研究，合编成一本专论历史上封建制度的论集。[1] 历史是多数，属于各文化，而不是单数，只属于专一文化；由各处历史发展抽绎的证据，正不必提示"一个"发展方向。各种时间空间的人类活动业绩，诚然是人类历史的一部分，却是其中多种多样的异相[2]。马克·布洛克对于封建社会的讨论，即把封建作为社会的一个形态，可也是特定空间与时间下的一个复合体，包容了当时当地的历史各部分。布洛克处理的特定时间是10到13世纪间，空间是包括英伦三岛，德国法国及低地国家的西欧，他的讨论也上溯到封建社会以前的亲属社会，及中古晚期封建社会的残余痕迹。

布洛克采用涂尔干的比较方法，事实也正与马克斯·韦伯的理想型异曲同工。他不仅把中古封建欧洲以前的亲属社会及以后的式微时代作比较，也用欧洲以外的封建社会如日本封建制度来作比较，他的结论是，封建在历史上不是只发生了一次的特殊现象。可是他也说明，日本的封建与欧洲的封建有其接近之处，但不像欧洲的封建那样有强烈的契约性，

---

[1] R. Coulborn (ed.), *Feudalism in History* (Princeton, 1956).
[2] K. E. Bock, *The Acceptance of Histories: Toward a Perspective for Social Science* (Berkeley, 1956).

而天皇的神性与整个领主及从属的结构无关。由此可见，布洛克的比较方法，并不仅仅在于寻觅一些平行现象来说明其雷同之处，更在于寻觅相差之点之所以相异的原因。[1]

讨论社会改变的研究还有一个旁支，即比较同一文化的人群移殖到另一环境的发展情形，在这一个范围内最重要的著作，包括兹纳涅茨基（Znaniecki）对欧洲和美国的波兰农夫的对比[2]。利用私信和自传建立家族史和个人史，来分析社会的和个人的解体过程、性格类型及移民生活对家族结构的影响，凡此不大被人重视的资料，都需要历史的深度，方才可以建立起谱系系统。移殖人群与当地土著文化的互相渗透，及由于种族冲突或种族集结而产生的影响，也可以造成经济上及社会在阶级上的各种后果。在这一个课题下的重要著作，是弗莱雷（Freyre）对巴西阶级社会的研究[3]和马克斯·勒纳（Max Lerner）对诸族冶炉的美国文化的阐述[4]。

工业化及现代化是社会学家和史学家都关注的问题。自从马克斯·韦伯建立起新教伦理及西欧资本主义发生之间的

---

[1] Marc Bloch, *Feudal Society*, chap. 33. 参看 W. J. Cahnman and A. Boskoff (ed.), op. cit., pp.159-163。

[2] W. I. Thomas and F. Znaniecki, *The Polish Peasant in Europe and America* (Chicago, 1918-1920).

[3] G. Freyre, *The Masters and the Slaves: A Study of the Development of Brazilian Civilization* (New York, 1946).

[4] M. Lerner, *America as a Civilization: Life and Thought in the United States Today* (New York, 1957).

关系，其他著作接踵而至，如R. H. 陶尼（R. H. Tawney）进一步讨论宗教与资本主义的关系[1]，A. 范范尼（A. Fanfani）兼论天主教、新教与资本主义[2]，佩尔努德（Pernoud）和莱斯托夸（Lestocquoy）观察法国和意大利的城镇和小市民阶级[3]，N. 比尔鲍姆（N. Birbaum）研究德国宗教改革与社会结构的关系[4]，W. W. 洛克伍德（W. W. Lockwood）对于日本经济发展的著作[5]，都可说是其中的佼佼者。

了解传统社会和现代社会之间的交互影响，我们不能不先了解什么叫作传统社会。关于这一个问题，做得最好的是罗伯特·雷德菲尔德对墨西哥一个村落的研究[6]。由这个村落的社区结构及支配其中成员的思考方式，他抽绎出一个所谓"民俗社会"的观念，用来与所谓"都市社会"相对照，两者构成程度递变的延续类型（continuum）的两个极端。有了这一对纯粹理想的类型，今天若干发展中地区受都市化及工业化冲击的状况，可以有比较清晰的分析。

[1] R. H. Tawney, *Religion and the Rise of Capitalism* (New York, 1926).
[2] A. Fanfani, *Catholicism, Protestantism and the Capitalism* (New York, 1955).
[3] R. Pernoud, *Les origines de le bourgeoisie* (Paris, 1947); J. Lestocquoy, *Les Villes de Flandre et d'Italie* (Paris, 1952).
[4] N. Birbaum, "Social Structure and the German Reformation" (Ph. D. Thesis, Harvard University).
[5] W. W. Lockwood, *The Economic Development of Japan* (Princeton, 1954).
[6] R. Redfield, *The Folk Culture of Yucatan* (Chicago, The University of Chicago, 1941). *The Primitive World and Its Transformation* (Ithaca, Cornell University Press, 1953).

改变之中最剧烈的现象是革命，因此各种革命比较研究，也就成为社会史上重要的课题。历史学供给了比较的资料，社会学则供给了比较的观念。在这方面有重要贡献的人物，包括莱福德·爱德华兹（Lyford Edwards）[1]、克莱恩·布林顿（Crane Brinton）[2]及汉娜·阿伦特（Hannah Arendt）[3]。

总结这许多问题的研究，我们可以看出：一方面，史学为社会学找到了时间的深度，使过去由平面研究社群的功能主义立场，进而转变为具有时间深度的演变与结构双重解剖，对于"人"的了解，无疑有极大帮助；另一方面，社会学为史学开辟了新的蹊径，使史学家注意到政治、战争、外交以外的问题，利用官书、档案以外的素材；社会史接触的问题，使史学家不再是专记往事陈迹的两脚书橱，而成为共同努力了解人类本身的社会科学家中的一份子。

三、中国学者对中国历史与中国社会的研究

在说到史学与社会学结合以前，我们必须提起对于中国社会史的初步尝试。在北伐之后不久，中国的学术界开始讨论中国社会的性质、结构和问题。当时参加这一讨论的人

---

[1] L. Edwards, *The Natural History of Revolution* (Chicago, 1927).
[2] C. Brinton, *Anatomy of Revolution* (New York, 1938).
[3] Hannah Arendt, *On Revolution* (New York, 1963).

物，兼含左右各派，汇成所谓中国社会史论战。首先出现的是对恩格斯、马克思理论的介绍，尝试把中国社会史划入他们的理论架子。不久，各理论家分为两大派，一派是新生命派，以陶希圣为代表；另一派是新思潮派，则以共产党的人物为主要阵容。由小篇论文辩论，逐渐演变为单篇的研究，例如郭沫若、严灵峰、任曙、陶希圣诸人，都有了专著，王礼锡主编的《读书杂志》则成为往复论难的主要园地，后来陆续合编为三册《中国社会史论战》，其中辩论主题仍是中国古代社会的性质，例如封建社会是否在春秋时已经崩溃，殷周社会是奴隶社会抑或封建社会，讨论的问题还包括：士大夫阶级的性质，当前中国社会性质，诸如此类。从那些文章的标题，就可看出这一团混战中的参与者的观点，都是由经济着眼，使用的名词都采自马克思理论及唯物辩证法。[1]

---

[1] 那些篇名，据郑学稼《社会史论战的起因和内容》（台北，中华杂志丛书，1965年），页6—9所记，抄录如下：
"关于论战的文章，就我所看到的《读书杂志》所载，如下表：
一卷二期　　　　　朱伯康的中国社会之分析
一卷四期、五期　　论战专号第1辑
　　　　　　　　　王礼锡的中国社会史论战序幕
　　　　　　　　　朱新繁的关于中国社会之封建性的讨论
　　　　　　　　　严灵峰的在战场上所发见的'行尸走肉'
　　　　　　　　　孙倬章的中国经济的分析
　　　　　　　　　刘镜园的评两本论中国经济的著作
　　　　　　　　　陈邦国的中国历史发展的道路
　　　　　　　　　刘梦云的中国经济之性质问题的研究
　　　　　　　　　熊得山的中国农民问题之史的叙述　　　　（转下页）

（接上页）	朱伯康的现代中国经济的剖析
	王宜昌的中国社会史短论
	戴行轺的中国官僚政治的殁落
	周绍凑的对于'诗书时代的社会变革及其思想的反映'质疑
二卷二期	孙倬章的中国土地问题
二卷二、三期	论战专号第2辑
	王礼锡的论战第2辑序幕
	王宜昌的中国社会史论史
	李季的对于中国社会史论战的贡献与批评
	刘镜园的中国经济的分析及其前途之预测
	杜畏之的古代中国研究批评引论
	田中忠夫的中国社会史研究上之若干理论问题
	朱其华的动力派的中国社会观的批评
	张横的评陶希圣的历史方法论
	孙倬章的秋原君也懂马克思主义吗
	胡秋原的略复孙倬章君并略论中国社会之性质
	任曙的关于'中国的经济的研究和批判'
	朱其华的关于中国社会史论的一封公开信
二卷六期	李麦麦的评郭沫若底《中国古代社会研究》
	汪馥泉的中国农民的'生活线'
二卷七、八期	论战专号第3辑
	王礼锡的中国社会形态发展史中之谜的时代
	陶希圣的中国社会形式发达过程的新估定
	李季的对于中国社会史论战的贡献与批评（续一）
	任曙的怎样切实开始研究中国经济问题的商榷
	钟恭的刘镜园的中国经济新论
	陈邦国的'关于社会发展分期'并评李季
	胡秋原的亚细亚生产方式与专制主义
	严灵峰的关于任曙朱新繁及其他
	周谷城的现代中国经济变迁论
	王伯平的中国古代社会研究之发轫
	熊得山的中国商业资本的发生之研究　　　　（转下页）

这一套理论中只有封建社会、资本主义社会及一个上不着天下不着地的所谓亚细亚生产方式,于是我们只见一些关于古代社会的性质及中国近代阻碍资本主义发展条件的讨论。其实几千年的中国历史,虽说比较少戏剧性的高潮,其中变化依然不小也不少。在这个论战中,似乎对于中国历史各个时代的处理,都只是浮光掠影地带过,细密的研究颇说不到。在方法学上,偏于以借来的名词主观地解释史料,驯至同一史料被不同的人引作证据,导引出截然不同的结论。因此,这一段热闹的讨论并不能说是社会学与史学的结合,在基本性质上,只能算是中国学者们借用某一家的社会思想,来了解或说明中国社会的发展,说不上是比较研究。

(接上页)	梁园东的中国社会各阶段的讨论
	白英的中国经济问题之商榷
	王宜昌的中国奴隶社会史——附论
	郑学稼的资本主义发展之中国农村
二卷十、十一期	胡秋原的专制主义论
	李麦麦的中国封建制度之崩溃与专制君主制之完成
	沙苏民的中国经济研究
	陈邦国的中国历史发展道路
二卷三、四期	论战专号第4辑
	胡秋原的中国社会文化史草书
又三卷六期	胡秋原的秦汉六朝思想文艺史草书(此文上半为'秦汉六朝社会史草书',刊于《国际文化》,未见。)

关于这一段事情,本文主要借重郑先生大作及另一参加者陶希圣的口述,一并在此致谢。"

这些人物中，也有人逐渐明了中国社会发展的特性，而想在这套体系中脱身出来。王礼锡因此称中国长期"不变"的社会为"谜的时代"，指出中国文化与公式不符之处。由其未发表的章节名称看见，他已经摆脱了纯粹的经济决定论，开始注意到中国社会阶层中官僚士大夫的性质及北方游牧民族入侵的后果。

李麦麦对郭沫若《中国古代社会研究》的批评，采用了更谨严的史料解释和比较研究，认为商代是封建制度的起源，西周是典型的封建社会，而秦的统一是专制王权结束了封建制，以驳斥郭氏认为殷是氏族社会、西周是奴隶社会、秦代始完成封建制度的公式。[1]

陶希圣虽然仍旧不能完全摆脱唯物史观的立场，但通过对中国内地农村结构的观察，他发现了中国社会不能切合马克思理论的分期，于是修正为氏族社会（西周）、奴隶经济（战国到后汉）、封建庄园（三国到五代）、先资本主义（宋以后）。其中所谓先资本主义，最表现修正而不能完全摆脱公式的苦处，不过在方法学上，他揭示出三点立场：

第一是历史的观点，中国社会不是静的，不是自然形成的；是动的，是几千年历史运动所造成的。第二是社会的观点：大人物是社会的创造物。第三是生活的观点：中国历史

---

[1] 因原书均不见于台湾，此处所述均据郑学稼前引书转述。

是地理、人种及生产技术与自然材料所造就的，也是观念的发展和思想的结晶。[1]

这三个观点中，第一点已经注意到公式主义的不合宜，第三点似乎是生态学的立场兼及意识形态的作用。他的《中国政治思想史》[2]，也是由这三个观点出发的作品，不过仍具有过分强烈的政治性，在方法上具有过分公式主义的气息。但是这一个工作不是完全没有意义的，由其中产生了对中国社会作更深研究的欲望；而后来出版的刊物，如《食货》《现代史学》，虽只是整理了经济史和社会史的片断资料，终究把史学家的眼，从单纯政治史和史料校勘，扩大到文化史、社会史。

在纯粹史学家的阵营中，陈寅恪虽然未尝自己声明具有社会学的观点，但他关于南北朝史、隋唐史的许多单篇著作，或以民族群的混合、冲突与协调为课题，或以社会阶层中的变动为着眼点。[3]他的《唐代政治史略论稿》，更揭示

---

[1] 郑学稼前引书引陶希圣《中国社会形式发达过程的新估定》，此处所引述一段方法学的说明，则见于《中国社会与中国革命》（上海，民国二十年；台北，全民出版社重印，1955年），页1—2。
[2]《中国政治思想史》（全四册，台北，全民出版社，1954年）。
[3] 陈寅恪：《李唐氏族之推测》（《历史语言研究所集刊》；第三本）、《李唐氏族之推测后记》（同上书，第三本）、《天师道与滨海地域之关系》（同上书，第三本）、《元白诗中俸料钱问题》（同上书，第十本）、《读东城老父传》（同上书，第十本）、《读莺莺传》（同上书，第十本）、《元白诗笺证稿》（广州，岭南大学中国文化研究室，1950年）。

出中国中古门阀消失的大题目，把牛李党争归结为世家子弟与新进士的斗争。虽然他的理论中有一部分需修正（如武则天争权是创造进士考试的主要原因），他的主要论点仍是中国中古分期的一个大据点[1]。

抗战前夕及抗战期中，注意到社会问题的史学家，为数颇不小。瞿同祖对于中国封建社会各阶级的权利义务与礼制法律的研究[2]，都够精详；齐思和对于战国政治和社会经济的讨论[3]；杨联陞对于东汉豪强大族的探讨[4]，把中国社会的地方势力作划时代的研究；魏晋以下是中国门第最盛的时期，王伊同根据诸系重建了世家与世家的关系及婚宦特权与庄园经济[5]。

---

[1] 陈寅恪：《唐代政治史略论稿》（重庆，中央研究院，1942年）。又参看 E. G. Pulleyblank, *The Background of the Rebellion of An Lu Shan* (Oxford, 1955)。岑仲勉：《隋唐史》（上海，1957年）。孙国栋：《唐宋之际社会门第之消融》（《新亚学报》第四卷第一期，1959年）。

[2] 瞿同祖：《中国封建社会》（上海，商务，1937年）。

[3] 齐思和：《战国制度考》（《燕京学报》二十四卷，1938年）。

[4] 杨联陞：《东汉的豪族》（《清华学报》十一卷四期，1936年）。继杨先生研究同类问题，有余英时：《东汉政权之建立与世族大姓之关系》（《新亚学报》第一卷第二期，1956年）；庞圣伟：《三国时代大族》（《新亚学报》第六卷第一期，1964年）；金发根：《永嘉乱后北方的豪族》（台北，中国学著作奖助委员会，1964年）。

[5] 王伊同：《五朝门第》（成都，哈佛燕京社专刊，1943年）。与这一个问题相关联的文章，有毛汉光：《两晋南北朝士族政治之研究》（台北，中国学术著作奖助委员会，1966年）。杨筠如：《九品中正与六朝门阀》（上海，商务，1930年）。

社会学与史学

近古社会中，重要成分之一是军人，讨论这一社会群体构成及其对文化与政治影响的，有雷海宗、王毓铨、吴晗、潘光旦等人。[1]

社会学家使用历史资料作中国社会研究，似乎比史学家作社会史研究，对于史学与社会学的结合，具有更明显的自觉。史学家如陈寅恪，即使所用的方法和观念与社会学若合符节，实际上并没有明白地说明采用了社会学的方法或观点。反之，社会学家如潘光旦、费孝通，则实实在在利用个案及量化了的历史资料，研讨传统中国社会的结构；他们用社会学的方法驾驭史料，了解了明清迄于民国初年的地方绅士的形成及人才借科举流动的情况与限度。[2]

这一类型资料的认识，使战后（"二战"）四五年内，学术界接触到中国社会本身的结构与结构内各成分的交互作用。张东荪因此提出中国过去政治上所谓"两橛"[3]的现象，一橛是皇权，另一橛是地方组织的互助，认为这是庞大帝国

---

[1] 雷海宗：《中国文化与中国的兵》（上海，商务，1940年）；王毓铨：《明代的军户》（《历史研究》，1959年，第8号）；吴晗：《明代的军兵》（《中国社会经济史集刊》五卷二期，1966年）；潘光旦：《军与民的社会地位》（《观察》一卷九期）。

[2] 潘光旦：《明清两代嘉兴的望族》（上海，1947年）；潘光旦、费孝通：《科举与社会流动》（《社会科学》四卷一期，1947年）。

[3] 这一问题的讨论，多半在《观察杂志》上，如张东荪：《中国过去与将来》（《观察》一卷至六期）及《我亦追论宪政兼及文化的证继》（《观察》三卷七期）；樊弘：《与梁漱溟张东荪两先生论中国的文化与政治》（《观察》三卷十四期）。

能够有灵活运用的因素。费孝通则更明确地提出绅权的名词，说明皇权与绅权是双轨政治，由此有上下意见的交流与权力的节制，这种权力结构的讨论，其焦点不在于静态地描述结构本身，而在于结构内的运行和作用。[1] 费氏对于传统中国的认识，事实上颇受马林诺夫斯基（Malinowski）和雷德菲尔德功能主义观点的影响。他的传统中国农村经济的讨论，并不归结在生产因素上，而是对功能关系的综合观察，将传统社会的结构、意识形态与行为模式间的关系，尽纳入一个复杂错综的理论网内。[2]

最后说到中国史学家自己承认使用社会学观察的一些作品。这些工作在近来方开始出现，但预计不久将可能成为史学中的一个重要支派。个中翘楚方推何炳棣的工作。何氏早期作品为研究扬州盐商和中国人口增长因素，因此涵盖税制、

---

[1] 这一类的文章，最后集合成《皇权与绅权》一书，列入观察丛书内，其篇目包含：费孝通：《论绅士》《论知识阶级》《论师儒》；吴晗：《论皇权》《论绅权》《再论绅权》《论士大夫》；袁方：《论天高皇帝远》《论商贾与皇权》；全慰天：《论家天下》《论兵与皇权》；胡庆钧：《论保长》《论乡约——农村绅士的合作与冲突》；史靖：《绅权的本质》《绅权的继替》诸篇，近来更严肃、更具学术价值的工作是 Hsiao Kung chüan, *Rural China: Imperial Control in the Nineteenth Centnry* (Seattle, University of Washington Press, 1960)。

[2] 费氏的《乡土中国》一书，显然与雷德菲尔德的民间社会观点，桴鼓相应；《江村经济》是稍早的一本作品，对于时间深度还缺乏足够的使用。费氏的英文著作较易寻得，Fei Hsiao-tung, *Peasant Life in China* (London, Kegan Paul, 1943) 及 *China's Gentry* (Chicago, University of Chicago Press, 1953)。

农产、政府对产业的态度诸多方面。[1]何氏继而研究中国明清两代的社会变动现象，成《明清社会史论》一书。书中他明白地说明受了社会学中社会阶层化现象理论的影响，他把社会变动用量化的资料显示其大势，又用许多个案显示其个别的形态。他把科名分为进士、举人、生员各个不同的群，来说明各种阶层在社会变动中的机缘及社会结构中的角色，较之过去一些学者囫囵吞枣式地借几句文字史料即贸然提出结论的方法，更为细致。何氏用机缘结构来讨论社会变动，显然是功能主义的手法，他把社会变动作为焦点，其在社会结构各成分上均有影响。何氏书中又特别标出下降的社会变动，实是一般讨论社会变动者未说到的。[2]

利用社会学理论讨论中国历史上的社会，也是笔者心之所好。受李玄伯师的启示，笔者注意到古代春秋间君子小人的凌替现象[3]，其后，又接受马克斯·韦伯利用理想型作比较研究工具的方法学，采用涂尔干和梅因的社会关系分类的观

---

[1] Ho Ping ti, "The Salt Merchants of Yang chou: A Study of Commercial Capitalism in Eighteenth Century China," *Harvard Journal of Asiatic Studies*, ⅩⅦ, 12 (1954); "Early Ripening Rice in Chinese History", *Economic History Review*, Second series, Ⅸ, 2 (1956); *Studies on the Population of China, 1368-1953* (Cambridge, Harvard University Press, 1959).
[2] Ho Ping ti, *The Ladder of Success in Imperial China, Aspects of Social Mobility, 1368-1911* (New York, Columbia University Press, 1962). 笔者对本书曾有一篇中文介绍，见许倬云：《介绍何著明清社会史论》(《大陆杂志》二十六卷九期)。
[3] 李宗侗：《中国古代社会史》(台北，中华文化事业出版委员会，1964年)。

念，以功能主义挑选一个变数，分析全体各函数关系的工具，驾驭量化了的文献资料，同时用许多个案说明实际的升沉情况。笔者的《先秦社会史论》，即以上述态度，把春秋社会与战国社会看成两个横切面，从两个时间平面间的差别为出发点，尝试讨论所以致异的动源因素（dynamic elements）。[1]近顷，笔者又尝试用权力结构的观点，来解释汉代中央政权与地方势力间的关系，用地方势力与脱离中央管束的地方独立社群，试求中国人口移到新拓地区时的社会结构。但均属欠成熟的作品，犹待教于同好的师友。[2]

同一来源社群在不同地区作比较研究，势所难免地要牵涉时间深度；如果史学的定义稍为扩大，则社区的比较研究也是史学与社会学的结合，最近在台湾颇有从事这类工作者，如"中央研究院"民族学研究所平埔村落汉化的研究，又如李亦园正在从事的台湾与南洋闽南社区的比较研究。

除上述所提的工作外，作者限于见闻，固有未尝知道的，也有许多很有价值的工作，本文限于题义，只有割舍不

---

[1] Hsu Cho-yun, *Ancient China in Transiton* (Stanford, Stanford University Press, 1965).
[2] 许倬云：《西汉地方势力与中央政权的交互作用》（《历史语言研究所集刊》第三十五本）、《三国东吴地区的地方势力》（《历史语言研究所集刊》第三十七本）。Hsu Cho-yun, "The Changing Relationship Between Local Society and the Central Political Power in Former Han," *Comparative Studies in Society and History*, Ⅷ, 4 (1965).

提。例如纯粹社会学的社区研究，其中值得介绍者颇多，但不能不保留给介绍社会学的专书。又例如对研究中国社会或社会史有功力的外国学者，如葛兰言（Granet）、白乐日（Balazs）、艾伯华（Eberhard）、马世凯（Marsh）、柯睿格（Kracke）、韦慕庭（Wilbur）、魏特夫（Wittfogel）、蒲立本（Pulleyblank）、宫崎市定、宫川尚志、加藤繁、青山正雄、增渊龙夫、西嶋定生……都各有专长，然而一一介绍，势须成一专文，此处不能不暂时搁置，以俟异日。

四、未来的挑战与展望

前文已经提到不少史学与社会学结合后的成命，此中待做的工作依然不少。下面暂列若干题目，以供同好者参考，亦所以自勉：

1. 社区研究

过去半个世纪以来，社区研究虽然已有不少，但为数终究有限。社区性质、结构甚多甚杂，我们还须对于不同时间、不同空间、背景各异、遭遇各殊的社区，做更多调查，庶几可以观察社区体积大小的关系，各个阶段的重要因素，社区权力结构的变化性质，对其他社区的关系和对国家的关系。社区是人群的小单位，大于亲属群，小于政治群（如国家），表现文化特性最大，延续性也远比亲属群大。由社区的解剖着手，在研究文化与人际关系上都有裨益。

2. 政治行为

政治对于人群的重要性不言而喻，政治学家往往只研究政府结构、宪法等静态的东西，对于推动政治的力量却不甚注意，这个动态的过程就必须由史学家与社会学家合作研究了。政党与政治派系的兴衰有其渊源，也有其动机，其中牵涉文化的价值与社会的结构，两者都须求之于政治之外。玩政治的手法，企求的目标更不能不由文化与社会方面找答案；而政治要解决的问题，常由当时当地的经济军事社会诸方面的情况而定，凡此又非由史学方面着手不可。

3. 社会阶层与动态

过去对中国社会的研究，多偏于静态的社会结构，然而近顷社会变动的研究，渐有人做升降陟沉的现象的阐明，对于结构中各成分的交织作用，有更深切的了解。我们犹须尽力的，还有好几类问题：地位与权力转变的主要变数，家族承袭的方式，生活方式与地位的对应条件，各种地位的人发生及实现其阶级移位的方式；沧海桑田，高岸深谷，对于当时当地的影响，以及当时当地对这个现象的印象。凡此，仍须由史学家为社会学家找出某一相当长时期内的现象，用社会学的方法来解析。这种研究越多，越可帮助我们了解人群中的回旋波浪。

4. 知识社会学及宗教社会学

思想、教义、艺术及科学，可以由各科目本身的发展作历史的叙述，但是这些思想家、宗教家、艺术家……也都是社会人。他们有所属的阶层，所具的经济利害，后者又与社会的结构不可分离，他们表现于意识形态中的，有多少成分是专业的累积，有多少成分是个人对所具身份的认定或反抗，都可以作更深一层的探讨。意识形态的传授与散布，又须取决于教育机构的功能及大众传播工具的功用，同时受教育者的机会是否均等，也直接影响到社会变动的途径和阶层的形成。多做这一类的研究，可以考核现在的一些假定，把这一门新起的学科做得更精确些。

5. 人群间的关系

此中包括种族、地域群、信仰群以及其他任何使人分为一群一群，具有特定个性的现象。人群与人群之间的竞争与合作，利害的冲突或协调，人群间地位的高下，群与其中个人的关系，这些问题可做的题目甚多。美国社会学界已注意到黑人、移民集团等，但这一类题目实在不限于当代；在历史上，这种种问题都曾困扰过那时候的当事人，其应付的方式也影响了历史的发展。美国更不是具有这个诸族杂处现象的唯一地区，远如希腊人与土耳其人在塞浦路斯，近如中国各省间的地方主义及华侨在海外的遭遇，无不值得社会学家提出观念，史学家提出背景，双方合作，以求更深更公平的说明与解释。

6. 国民性及民族性

所谓国情，在中国久已为政治家所认识。不过意识形态如何形成，被认可的意识形态如何传授于下一代，家庭结构与儿童求知的关系，隐藏欲望的逃避方向，被否定的观念的抑制，凡此都或多或少地参与了国民性格的塑造。国民性格又直接、间接地决定政治结构的形成、经济的发展方向、在国际事务中的行为表现。这个问题的材料，可求之于传统史料的传记，也可求之于不大被用的文学作品，更可求之于为正统史家所不取的民间传说、戏曲、星相、谣谚，但没有社会心理学及性格心理学的帮助，正统史家将无法掌握这些资料。

到此为止，我们暂列的问题已是多而且杂，将来更多的探讨会引起更多的问题。知识的追寻本是如此，也只有如此，知识才有进展。

在史学领域漫步

一、历史的定义

历史这两个字含有几重意义。第一，历史指曾经发生的事，大则指所有曾发生的事的总称类名，例如我们常在口头上说，宇宙的历史、人类的历史……小则指许多个别的史事，例如，清华大学有过一门"人文社会科学概论"的功课。第二，历史指史事的记录，例如我国的起居注、大事记。第三，则是史学，指史学工作者（或史家）经过整理、思考和研究，然后形成的一套解释。在本章中论到的，主要是指这第三重意义，也将顺便讨论到第二重意义。至于第一重意义，当然是史家处理的对象，却不是史学本身。史事林林总总，往古追溯，不见尽头，旁及推广，也不见边际。而且个别史事之间，往往并无确切可见的界限，如何在这许多史实中，切割出一件首尾具备的史事，这就是史家的工作了。举一个切身的事例，各位上台北的书店买书，这是一件"曾经发生的事"，然而你不难发现，这件史事可以归入"购买活动"项下，可以归入"出游台北"项下，也可能归入"本月收支"项下。一个史家在面临无数史事的记录时，往往必须当机立断对史事的性质及界限做必要的裁决。因此，我们可以说，史事本身的存在，决定于史家（无论是记述者，或是解释者）的抉择。在上述上书店买书一事中，无论当事人是否有意记下记录，他自己对这件事的分类，已使他担任了"史学工作者"的角色。史事本身可以客观地存在——这是"已经发生的事"，但是这件史事的界定，以及这件史事与别的史事之间的关系，却必须由人加以记述或解释，其存在的意义始能明显。

历史若只是许多孤立的史事，势不能具有意义。史事之中，若只有一连串的"俄顷""弹指"的时间分段，这件史事各阶段之间的关系，也势难具有意义。历史的意义在追溯及分析"变化"的过程中显现。对"变化"本身的记述是为此目的，对"变化"来龙去脉的因果分析，也是为了这个目的。中国史学的老祖宗——司马迁曾在给朋友任安的信中说到他撰写《史记》的目的是"究天人之际，通古今之变，成一家之言"。"天人之际"指人事与环境的关系，即分析史事发生的因素，"一家之言"是他对史事的解释，而"通古今之变",说明了史学的内容是了解这个"变"的过程。太史公的这三句话,千古颠扑不破,至今仍是对史学的明白定义。

二、史学的分工

史家的工作,也与其他学科一样,非分工不可。分工的情形,可以有两种:一为以专业兴趣分,一为以工作的阶段分。以专业分工的情形,明白易解。过去有很长一段时期,史学工作者着重在少数上层人物的作为,尤其是统治阶层的行为,于是史家以政治史为主体,思想史方面也往往限于有大影响力的思想家。中国的"史"中,以本纪为纲,以列传分叙重要的历史人物,正可代表政治史为历史主体的态度。在"英雄造时势"的观念下,历史变成了少数顶尖人物的舞台。逐渐,史学中出现了"制度史"及"专史"。中国史学传统中制度史出现得很早,《史记》的八书,基本上是制度的演变或某一个专门范围(如天文,如音乐……)的沿革。"三通"——《通典》《通志》与《文献通考》,也是专门史或制度史的大作。有了制度史的观念,造历史的"英雄",多多少少须对制度作若干让步和迁就。但到了近代,社会史、经济史及文化史逐渐获得史学的重要地位,至少在有些学校中,社会史、经济史已与政治史成了鼎立的三分局面,在社会史、经济史、文化史的范围内,英雄变成时势的产物。史家的眼光专注于无数"小人物"的行为总和，甚至往往把历史舞台上的一时名角搁在一边。史学界的严重病症，在于各个专门行业之间交流日渐隔断，同系同事，若所治不同范围，几乎可以互相不通闻问。这是世界一般的情形，而尤以分工特别细密的美国学术界为甚。

另以工作过程中的阶段分类，史学界也有逐渐"割据"的现象。史学工作的第一步与其他任何学科的情形相类似，必须取得"素材"。用史学家的名词，这种素材称为"史料"。取材失当，史家即无法在这个不稳的基础上建筑巨大的结构。是以对于史料的取舍以及鉴定其真伪，判断其有用的限度，每一个史学工作者都当仔细。不过史料本身范围极广，上述许多工作又都极为繁密费时，其结果是有一些史学工作者在这一步骤独具功力，甚至以此成为名家。史学中遂有了以史料考证为专业的一群史学家。有时，这一类史学家工作态度谨严，十分符合学院传统，竟可变成史学工作的主流。在中国，自乾嘉以下，在西方，自兰克以下，无不表现同样由史料上作者独擅胜场的现象。史料既经确定，第二步为组织史料。史家中也有不少是专门在这方面工作的，事实上，也可说史学工作者的大部分在做组织的工作。不过"组织"也可有多种方式。以年代排比，在史事为大事记、本纪，在人物传记为年谱。从因果分析着手，则表现为专题的记述，如传记、纪事本末等。这一阶段大多仍以记述为主要任务。即使记述之中有所分析，也主要为了记述的条理和逻辑。第三步的工作是解释。章学诚在《文史通义》的《书教》篇说："撰述欲其圆而神，记注欲其方以智也。"换句话说，史学的解释工作，是对于史事本身找出明显的意义。从事这一部分工作的史家为数不多，倒是由哲学或其他专业起家的学者，颇有人对历史提出他们的解释。从事于此的史学工作者，也不是没有，却往往只作比较局部的解释，不敢跑得太远。以上三个阶段的工作，其实每一个史学家或有意识或潜意识，都必须经历。可是由于分工之故，每人各有专精，日久也会因沉浸太深而忘了专精其他工作的同事。今日史学界，无论中外，常有党同伐异的毛病，实在很像儿童故事中手、足、眼、耳、鼻各自夸功的情形。仔细想想，我们不难发现各阶段工作是互相依赖的。有此认识，许多分歧可以消融于无形。

三、史料的研究

说到工作的实质，我们仍依史料研究、记述、解释三个阶段来讨论。大家可能以为史料即指文献的材料，尤指档案史料为主。这是一个比较狭窄的定义。今日对史料的定义，范围极为广泛。文字书写的记录，不仅指档案，几乎也指一切著了文字的东西。实物的史料范围更广，不仅周金汉瓦是史料，沉沙折戟、破瓶烂罐也都是史料。几乎一切曾经人类手泽的东西，在某种意义下都可认为是史料。史家的工作，多多少少有点像侦探查案，所有看去微不足道的线索都不轻易放过。北京人洞穴中的一堆炭灰，可以让中国古代史学家推论出"北京人用火"的重要结论。几本旧账目，若干教区记录，一些沉船的残余，加在一起，可以让欧洲中古史的专家们勾勒描绘欧洲经济体系的形成和发展。史料既如此的众多和庞杂，史家从第一眼做史料搜集工作时，实际上已经是有目的的，有假定的。甚至以整理史料为专业的史学工作者也在心目中存了某一目的，判定了这种史料对于解决某一项或某一类历史问题有其用处，他才会以一定的尺度和标准，选择他要用以考证的史料。在这一层意义言，作史料考证的专门家，大概多多少少也在从事进行记述和解释的工作阶段，他自己对这两阶段的工作有体认，但未必有对意义的发表，他的考证工作也相对地限制了，甚至规定了下一步的记述和更下一步的解释。从另一方面说，做史料工作的史家也从史家专业中获得其自觉的（或不自觉的）体认和见解，帮助他决定该选哪些材料作为研究对象。一般说来，除非大圣大贤，常人有了先入之见，即难免有所偏蔽。举个日常生活中的例子，我们若在教室丢了雨伞，回头再去可能遗失的地方寻找时，大概眼光总是往房角、门后、桌椅下面各处搜索，这时对教室其他部分的现状或变化，多半视若无睹，史家抉择史料时,也难免被自己的先入之见偏蔽。史家总须常常警惕,始可免去这个偏蔽的毛病,才可不致遗漏重要的"破案"线索。大致人之偏见,自觉有偏见时,易于排除蔽障,保持心胸开放。若不自觉有偏见,往往会自诩客观,则偏蔽如故,徒然自误。是以史家也难免流于常人的通病,则自觉的偏见可能比不自觉的偏见,为害稍轻些。

四、史学中的记述工作

在记述的阶段,组织史料自然是重要的步骤。史学工作者面临许多不同性质的史料,其中有矛盾相斥的,有不完整而彼此可以补足的,当然也有若干可能全无用处的史料。史家必须在相斥的史料中判断孰为可信,在相成的史料中截此之长补彼之短,但是最困难的工作,仍是决定勾勒某件史事中的那一部分轮廓。举例言之,如果一位军事史家要记述某一重要战役,他若运气好,会面临种种史料:战地司令部的战报、当事人上自指挥下至士兵的追忆、战地记者采访来的消息、敌方的情报记录、战地的残迹及遗留……这些纷然杂陈的史料,各人有各人的说法,能叫人坠入五里雾中。可是这些史料在当时血肉横飞天的实况中,还只占极小的部分。最忠实的记述,自然是使整个战役的过程,一刀一枪全部复现于天地之间。然而这是不可能的事,即使拍摄电影也不过是对史事某一角度的浓缩。史家必须选择一些他认为重要的项目，浓缩战役的经过。有些部分被夸大了，有些部分被遗漏了，有些部分被歪曲了。史家至多做到盲人摸象式的工作。诚实的史家必须谦卑地承认这些缺陷，这些无可奈何的遗憾。我们读前人的记载时，因此必须十分警觉，也须十分宽恕。

五、"史事丛"与史事的解释

由上述素朴的记述，更上一层则是对一连串史事的叙述。我们可以称之为"史事丛"的处理，此中有综合，也有分析，二者是不可分割的。究天人之际与通古今之变，都不外乎问一个"为什么？"。若干似分还聚，似断还续的史事，若排在一起，其间因果关系往往并非明白可见的。我们尤须注意，无论讨论哪一系列的因果关系，其答案已由问哪一种问题而有了限制。因此，史家的分析，实在只是分析他所关心的一些因素。古代的史学家（无论中国古代或其他古代文化），总难免问到天意、神意和其他超自然的意旨，于是日食、月食都会成为具体的历史因素，疑神疑鬼处也变成了真实的史事。在"英雄造时势"的基本假设下，若干领袖个人的行为，可解释为成败的关键。在社会史及经济史的领域中，一些重要的线索（如微幅度而长期的物价增落）却未必在传统史家的注意范围内。《史记》《汉书》都是第一流的史学著作。我们为什么在有了《史记》《汉书》后还要研究汉代历史？既然我们研究的素材往往有不少采自《史记》《汉书》，我们为什么不能即以《史记》《汉书》为满足？因为那些历史是过去的著作，那些史家只问了他们所关心的问题，尽了他们的智能，提供了他们的答案。我们今天提出了一些新的问题，我们必须用另一个角度提供新的答案。历史已经发生，其全部的"已然"已不会变了，但是每一代有自己关切而想从"已然"中寻找答案的新问题，因此每一代才必须有自己的史学工作者寻找新工具和新方法，有了新工具和新方法，每一代的史学工作者又往往会发现新史料和新意义（所谓新史料，其实可能早就存在于天地之间，只是一直被人遗忘而已）。历史本身不会改变，但是史学家永远有做不完的工作。

单元史事是比较简单的事件，例如商鞅变法，九一八事变，淮海战役，战后通货膨胀，石油危机，等等；史事丛是比较复杂的一连串史事，例如秦代统一中国，抗日战争，20世纪后半叶新经济体系的形成，等等；有些复杂的史事丛牵涉的因素众多，周延广大，史事发生的地域往往极为辽阔，时间也往往极为漫长。史学工作者处理这种史事丛，不能只停留在记述阶段。单单用时间串联，史事发展的线索仍不能明白呈现。史学工作者必须担任一些解释的工作，寻找其中种种错综复杂的因果关系。在研究过程中，史家可能发现若干史事丛只不过是庞大冰山的水面部分，水面以下的冰山比水面上大得多，而洋流方向等条件也还不能搁置一边呢。

六、史学与其他学科的关系

再回到正题，分析史事丛，首先，不是单纯的方法可以解决，史家势必向其他学科借工具不可。别的人文学科是史学的姊妹科学，自然最先为史家借来，此中包括语言学、神话学、宗教研究诸项。其次，史家又向社会科学借工具，例如社会学、经济学、人类学、地理学等。这些工具还不够，史家还须向数学借统计学，向物理学借碳-14测定法，向植物学借花粉学与年轮定率……以致今天的史学工作者往往不能不借助于电脑，以处理许多人手计算太过复杂的问题。

若是把许多史事丛融会贯通，史学工作者有时会找到若干长时期的发展趋向及发展模式，也可能找到某一时代极为普遍的现象，或者某一个运动忽然呈现波澜壮阔的气势。这些长时期或大规模的历史现象，其内涵的复杂又比单一史事丛更进一步，研究者非借助其他学科不可，不仅借工具，还须借观念、借资料。在这一阶段，史学已不复是人文或社会科学中的一支，而变成综摄人文社会学科的科系工作了。由史事丛的研究到复杂历史现象的研究，其间不易有截然可见的界限。大抵史学工作者处理史事丛越多，他自己心目中渐渐会形成对历史现象的若干理念。另外，理念渐渐成形后，史学工作者今后的工作也会受这些理念的支配。于是史家即使只是一件一件地处理较简单的史事丛，其综合的成果则是这位史家努力证明的一些理念。用司马迁的话说，史学工作者可能穷毕生之力，只为了完成这个"一家之言"。

七、几件史学研究的实例

我们必须举若干实际的例证说明上述两节的内容，先举我国著名史学家傅孟真先生为例。傅先生在创办"中央研究院"历史语言研究所的初期，发表了一连串的论文，例如大东与小东的问题，《诗经》内容的问题，殷周两文化的起源问题，等等。每一篇论文处理一束史事丛。但合起来说，傅先生完成了东夷西夏两系文化在古代分庭抗礼以及轮流为中国正统的理论。在工作过程中，为了求证这一假设，傅先生采用许多学科的工具。他借语言学来确定古地名的异同。他借神话学及民族学来判断族群之间的亲缘，他也用比较研究的方法将许多后世的史事作为例证。傅先生在中国古史上提出的成果，是他的"一家之言"，至今仍可认为是中国近代史学发展上的最重要业绩之一。

第二个例子是美国本土史学的宗师弗雷德里克·特纳

（Frederick Turner）。他以及他的弟子，穷数十年之力，研究一些美国城镇的历史。这许多地方史研究，个别来说都不过是相当简单的史事丛。他们对地理、社会、经济诸方面的研究工作，开创了美国今日史学传统中着重社会史、经济史的好几个"流派"。最要紧的则是形成特纳学说本身，说明美国向西开拓的过程，其后果并不只是国土的延展扩大，而在对于美国文化中许多方面留下了长远的影响。照特纳的话，简直可说美国文化之不复为欧洲文化的尾闾，而自有其特色，其肇因主要在有一批一批的人群，前赴后继地向西开拓。

第三个例子是李约瑟（Joseph Needham）在中国科技史方面的研究。李约瑟的中国科技史，最初只是他和少数同志的工作，现在则已是许多专家的合作成果，不同学科的专家参加他的队伍，从事不同专业的研究。每一专题的研究，也许至多只能当作一个史事丛的工作，但由总体来说，李约瑟的同志几乎网罗了所有主要学科的专家，来整理中国文化中科学技术的成就。不过，李约瑟自己并不视这许多独立的专题为互不关联的项目。他一直想找出中国科技的特色。为此，他在《中国科学技术史》的第二卷就指出中国文化中着重全貌而有机的理念，而希腊罗马以至牛顿时代的长期西欧科学传统则着重分析的和机械的理念。李约瑟也一直想解释，何以近代的科学不发生于中国而发生于西欧。他有许多单篇论文特别注目于传统中国的社会制度，例如庞大的官僚组织。他也特别注意宋明理学对科技发展的影响，在讨论"自然的法则"时，李约瑟深入法理学的范畴，仔细地研讨天意、神律、法条、自然律、社会律诸项观念在中国的含义及在西欧的含义。为了完成这一科技史的不世盛业，李约瑟发展了若干统摄全书的理念，不少是借助于社会学、哲学及法理学的理论成果。

八、理论与证据的关系

上述数例说明了史学工作中理论结构的功用。有了理论，许多散乱的资料才可由一根线索贯穿，成为一家之言，使一些貌若孤立事件的大事，忽然有了生命。不过我们必须时刻记住，理论体系的建立与史料的研究，若车之两轮，鸟之双翼，不能畸轻畸重，更不能有所偏颇。饶是七宝楼台的好理论，仍须取决于史料证据的价值。最近有一件史学界的大事，堪为例证。西亚（两河流域及其附近）及埃及的古代文明，一向被视为欧洲文明的源头。多少年来，循此假定，离东地中海地区越遥远的地方，史家厘定的古文化遗址时代越晚。自从古史学家借用了物理学上碳-14半衰期有规律递减的观念后，许多古代遗物已可以用碳-14测定法测定其绝对年代。以西欧沿大西洋岸的若干古代巨石文化遗址来说，那些巨大的石圈都有了比原来假定时代远为古老的绝对时代，不过这些古代遗址及古代墓葬的年龄至多可与埃及和两河古文化的年龄抗衡而已，这十年来，碳-14测定法的欠精确已引起不少疑问。清华大学的同学都是理工科高才生，当不用我来啰唆，已可知道碳-14测定法不易有精确结果的原因颇为复杂，其中包含由放射性衰变的统计规律引起的统计误差，有因使用半衰期值不同而引起的基率差别，有因工作人员测定时精密度不同而引起的技术误差，甚至标本本身也因污染或其生长环境而难免表现出若干放射性数值的改变。最近经过汉斯·苏斯（Hans Suess）等人的努力，比较了由树木年轮和碳-14测定年代的差数，已有好几种校正曲线，可以把碳-14测定法测定的年代校正为比较准确的年代。其结果是许多古代文化遗址的年代提前了不少年，大致越古老的遗址可经过校正而往前提得越多，越近代则校正的差距越小。以西欧古代遗址的年龄说，最古老的可早到公元前4000年。而多瑙河流域一些出土青铜工具及黄金饰物的遗址，也可早到公元前4000多年。请注意，埃及和两河流域的古文化，也不过是在公元前三四千年而已。在这一节中，我们不费辞繁，只为了说明：史料本身的价值可以决定史学解释的理论。几片贝壳残片，几段焦烂木枝，是多么不引人注目的小东西，可是借这些小东西确定了古代遗址的年代后，史学工作者势须放弃百余年来辛苦建立的文化由埃及两河经东地中海向西传布的传统解释！

　　顺便一提，由已测定古代文化的绝对年代来看，好几个意想不到的发现已相当地动摇了不少传统的史学观点，以中国古代史言之，过去一向以黄河流域为中国文化发源地，去年还有人以"东方的摇篮"为题，专门鼓吹此一说法，可是在江汉流域的屈家岭文化，在华东的青莲岗文化，良渚文化以及稍晚长江三角洲的湖熟文化，代表了以稻米为特色的东南文化系统，其古老程度不亚于黄河流域的黍稷文化，而且源远流长，在东南俨然有其天地。中国古代史为此势须有一个两元激荡的局面，其多彩多姿，自然尤胜于由文化中原辐射四方的旧理论。更进一步，若放眼南望，中南半岛上也发现了很古老的青铜文化遗存，结合这许多现象，我们不能不逐渐承认人类文明的多元。人类在古代为环境而创造的能力，大约远非今日我们所能想象。"平行创造说"在未来几十年内，大约会取代许多"传播说"的理论。我们也许可以对人类（当作一个整体来说）的适应能力和创造能力打一个高分。

九、史学与史观

　　由这一段所谓"顺便一提"的旁白，各位同学当能领会到，我们不仅必须对史料证据的重要性三复斯言，而且我们也可以体认由专门知识（古文化年代）到所谓"世界观"（对人类能力的乐观），其间的转换是逐渐的，难以分割的。我自己往往觉得选习史学是个人的幸运，我可以不必把专业的操作和个人内在心性的成长，分为两截各不相干的事。不过我们还是必须警觉："世界观"的形成，仍是"直观"的智能活动，严格说来，终究不是史学领域内可以包含的部分。有人不能领略到谨严的理论与直观之间，有一道很宽广的鸿沟，于是他们会把自以为是的"史观"硬当作谨严的学术产品。有一种观点认为，由封建社会转变到资本主义是势所必然，理所必至。可是最近沃勒斯坦（Wallerstein）在其《现代世界体系》一书中，研究16世纪欧洲经济体系的形成，指出地域性分工，使西欧能集中东欧、北非以及美洲的资源与富力，遂能为工业革命及资本主义发展的凭借。沃勒斯坦的理论，说明工业革命及资本主义在西欧的发展有其独特的因素。这是可一而不可再的历史事件。沃勒斯坦之说成立，则历史进化阶段论即不能成立了。人类命运是否一定"进步"？是否进步到某一个阶段即不再"进步"，而站住不走了？这两个问题表现了原是矛盾的理念，更重要的是，"进步"不能由历史证明其必然会发生，更遑论"进步"的方向了。由这一节讨论，各位当可以了解，我不愿各位轻率地由历史的解释一跳就跳到史观和世界观，而将直观的产物与严谨学术的逻辑混淆为一件事。

十、中国传统史学的发展

我们先谈中国史学的发展。中国第一部有意保存下来的史料是《尚书》。在《周书》中，你可以看到周初告诫臣民的话及周人对于克商的解释，这部文献集子与同时代书写在青铜器上的文字同属一种档案性的史料。周王朝建立以后，又在各地设立专门史官来记载史事，这些史官似乎兼负有保存记录和监察的任务。史官采编历史的方式，把每天发生的大事记载下来，再按时间顺序排列起来（你可以从《春秋》这部书中看到此体例）。这种写在竹简上的历史，对一个想查核资料的人，显然是十分不便的。因此到了春秋末战国初的时候，《左传》这类书就出现了，这类书不再是原始的编年大事记，而是大事记整理的结果——把事情发生的前因后果分散在许多年的记述中。因此在事情发生那一年的记载中常追溯原因到过去，这种方式可以说是以事情本身为主体，而仍放在编年史体裁中。中国史学真正的突破要到司马迁的《史记》，在这部书中不但有本纪来编年，世家来记载列国的事情，书和表来处理个别的专题，亦有以人物描绘为主的列传。这种处理方式对中国对西洋而言都是前无古人的。太史公之所以创作此体，依他自己的话说是求"通古今之变"，想写一部通史。《史记》以下的二十四史，可以说完全沿袭了这种体例。不过《汉书》以下诸史已不再以通史为目的，更是记断代的历史了；在风格上也以记述为主，而不像太史公以分析和论述为主。此外，二十四史的记载内容是以政治演变为主体。宋司马光作《资治通鉴》仍本此原则，只是改以编年为主，把列传、世家、书、表都去掉了。中国史学另一个突破要到唐宋之际"三通"的出现——杜佑的《通典》、郑樵的《通志》、马端临的《文献通考》。这三部书为中国制度史开创新体，讨论题材不再仅是政治的演变，而包括经济、社会、政治制度及文化现象（如语言、音乐、图书目录），把中国历史领域一下扩大了很大的范围。唐宋之际尚有另一系统的出现，即史论——论史事及人物的得失。司马光在《通鉴》、欧阳修在《新唐书》中的按语，均属史论。史论最发达是在宋、元、明之际。《东莱博议》是最常见的讨论历史得失的著作。王夫之的《宋论》《读通鉴论》开始拿历史作为一个项目，用来发挥他个人的文化观念。王夫之以后，史论系统成为一个很大的支目，如顾炎武的《天下郡国利病书》、黄宗羲的《明夷待访录》。前者以整个中国为线索，来检讨地形、地势、交通及经济地理。它并非讨论地名的演变，而是设想某地作为战场、市集中心、税收来源可以发挥什么作用。后者写于明朝灭亡之后，乃是在痛定思痛的心情下对中国整个制度的总检讨，如讨论"君主专制"，指出它的毛病，并提出改进的建议。宋朝还出现了一种"纪事本末体"，以集史事为主体，人物、地理、政事均围绕着史事的发展而罗列其中。袁枢的《通鉴纪事本末》即属此体。这种体例的好处是以事情为主体,坏处是把此事与其他事情的相关性活生生地给切断了。清朝的史学显然又是另一种发展——偏于史料及历史的考证考订。其中最著名的一部书,是阎若璩的《尚书古文疏证》,指出《古文尚书》是伪书。此段的考证范围包括经文、甲骨文、青铜器、音韵的研究。目前南港"中央研究院"史语所仍沿此传统,有一半的论文是属于这方面的研究。西洋史学,基本上是以"纪事本末体"为最主要的体例。希腊的希罗多德(Herodotus)和修昔底德(Thucydidēs)即采此体。罗马帝国定于一尊后,"编年体"出现,一跃而成为最重要的载史方法。整个中古亦以编年史为主,多由教士把当时政治上的大事按年记下,这种记载显然是十分枯燥的。编年体例的打破要到西方民族国家出现以后,民族史无疑是对编年史有意的反抗,意在对个别民族的肯定,着重对民族文化现象的描述。近代西方显然又以"纪事本末体"为主要体裁,几乎各种历史书籍均以载事为主(连传记也一样),这种体例传入中国后,很快就被中国人采用了。近二十年来,史家撰史的范围也扩大许多,不仅描述政治层面的事情,经济、社会、思想史也蓬勃起来。史学本身的发展的确反映了每个时代的需要及关怀对象的不同。例如"三通"的出现,即反映出当代人对社会现象的重视,知道政治史不足以涵盖人类文化全貌。朱子《通鉴纲目》的出现，与南宋偏安江南有关，因而不得不强调"正统"与"非正统"之别。我们可以说，每种史学体例的出现均非偶然，均有其时代的意义和价值。

目前中国的史学以"专题研究"为最常见的体裁。基本上，这是西洋史学传统传入中国后的产物。有些人因此以为中国历史的旧体裁已经过时了。但是，我认为旧史、新史两种体裁，各有所长。旧式正史中的佳作，以《史记》来说，诚可谓中外独步的旷世巨构。体裁涵盖之广，古今罕见。这种体裁如果丢弃了，实在很可惜。现在中国史学仍应在史学研究之外，拾回已经忘了的历史叙述和记载的工作。旧史中仍有不少可供我们借鉴之处。

讨论记录

一、史学方法、意义、限度及价值的讨论

问：一个史学工作者应如何处理原始的史料？如何判断、衡量它的真伪、价值和意义？

答：首先我们要看史料是什么种类。一般而言，最常见的史料是文献记录。文献记录又包括叙述性和非叙述性的史料，所谓叙述性的史料就是叙述一件事情发生、经过的史料。处理这种史料，我们要做"内证""外证"及"互证"的工作。所谓"内证"即检查史料因其叙述而可得的价值。假如该史料前言不搭后语,时间也冲突,我们就可以视为无价值的史料。所谓"外证",即由该史料的外在条件来衡量它是否可信可取。假如你看到一个钢笔写的史料,却号称是康熙年间所写,那么这就是十分荒谬的史料。当然一般伪造的史料不至于如此荒谬,总需经过史家很小心地检验,包括检查纸张、印刷、避讳用语……才能断定出史料记录的时间、地点和真伪。所谓"互证",即衡量几个来源不同而内容有异的史料,而判断它们价值的高下。通常愈不经意的直接史料,价值愈高,不过不经意的一手史料也有误听、误载或所见有限的时候,此时就可能比不上有意的二手史料了。其次,我们也以"一致性"(consistency)为衡量史料的基本原则,凡是几件史料叙述一致的地方,我们就可以断定它的真实性较高,而可以用它来作史实的骨干,其余的则作为辅助材料。非叙述性的史料多指一些统计性的资料。如历代留下来的一些人口数字的记载,就属于非叙述性的量化资料。许多非叙述性的史料是需要我们自己去计算的。如《大清实录》中有很多次水旱灾的呈报实录,此时我们就可以从这些未经整理的史料中算出它的次数,以五年或十年为一单位,尝试做个曲线图,而得到一个可以利用的统计资料。更复杂的处理法,是把可计量的东西凑合在一起,而给它一个价值。我个人曾做过中国上古史中战争次数的量化统计，把各年发生的战争次数、持续时间等计算出来，用来衡量中国上古的暴乱程度。以上所谈的，大体是使哑巴史料说话的方法。你们可以看到，其基本精神就好像法官判断犯罪的证据一样，是以多么谨慎小心的态度排除不一致，而留下一致的史实！在这一层次的工作，历史工作者必须心无主见，运用一切可以使用的工具，从事谨慎小心的查证工作。但是史料只是素材，史料本身并不等于史学。一般人没有专业训练，也未必能由朴素的史料中观见历史变动的线索。

问：除了基本史料的处理，史家如何进一步对史料加以"解释"和"分析"呢？

答：在整理、考订、考证史料的阶段中，可以说就已经有了解释的成分了。因为它已奠定了下一步的叙述和更下一步解释史实的基础。19世纪所谓"历史可以完全客观"的看法，是站不住脚的。因此一个史家应该在文章的开头，就把解释历史的方法、态度及基本假定告诉读者，在进行解释的过程中，要不断地告诉读者依据的是些什么理论和根据。举例而言，我最近在香港中文大学曾有过一个讨论会，讨论到一个帝国（empire）必须掌握自然资源和人力资源，才能稳固下去。此假定是基于艾森斯塔特（S. N. Eisenstadt）的政治学理论，他是根据几个历史上大帝国的发展情形而演绎出来的结论。我之所以用他的结论来讨论汉朝的政治经济制度,并不是套用了他的理论根据,乃是自行找到了证据。而得出与他相同的结论,也等于帮助证实了一个理论。"解释"的工作可以说是史家面临的最大难题,因此必须从基础的史料一层一层演绎给读者看,否则无法让人接受他的理论和说法。大体上来说,解释历史亦是有好几个层次。最基本的是对史料的解释和判断。再进一层是对历史事件作叙述性的描绘,也就是说故事(一般社会人士以为史学的工作即此,实际上史家的工作不止于此)。更进一层是跳离叙述阶段,而对错综复杂的历史面相作因果关联的分析,这是对整个史事丛的剖析和解释。最后一个阶段是综合历史解释,找出文明演化的意义。这一个阶段是很少史家肯去做的,因为它常进入历史哲学的层次。一涉及历史哲学,常难免有粗疏和武断的概括之词,这是史家不习惯的做法。史家自己不做这一层的工作,反而旁人会越俎代庖,弄出一些似是而非的理论,使历史工作者看了更不顺眼。

问:在历史原貌的重建中,有否因为新证据的发现,而造成历史解释的全然变貌?

答:显然是有的。中国上古史中曾有"龙山、仰韶两文化对立的说法",这是当时史语所一系列考古发现所得的结论。史语所在山东发现龙山文化之时,正是瑞典人在河南西部发现仰韶文化之时,因此傅孟真先生就引用了这两边的考古资料提出了他的"夷夏东西说",以为中国古史是处于东方平原和西方山地两大文化及民族冲突的情况下。直到后来中原郑州一带发现龙山、仰韶的延续性,这种说法才被打破,大家才确定龙山不过是仰韶之上更进步的一种新石器时代的农业文化,两者并不是对立的。此外,中国上古史上一度也有"中原文化先于中国其他地区之发展,是中国最古老文化"的说法,也因为考古资料出现有所改变。目前的考古资料指出中原新石器文化绝对年代可能比长江流域、淮水流域和江汉地区早一点,但早不了许多。(按:用碳-14法测出华北河南登封的新石器文化约5055B.C.±135,河北阳原蒋家梁约4670B.C.±140,长江下游余姚河姆渡约4887B.C.±96,邱城下层约4746B.C.±125,淮水流域青莲岗约4494B.C.±200,江汉地区屈家岭约2650B.C.±100。)因此中原文化辐射四处的说法就可能为"三元鼎立"或"四元鼎立"的说法所取代了。最近考古学家在大汶口发现的人骨,体质非常接近海洋系统的波利尼西亚人,那么中国古代与海洋是否有相当的关系?古史系统似乎愈发复杂了。我觉得,中国成为中国是殷商以后的观念。殷商以前,欧亚大陆进进出出的人群是很多的,中华民族的了不起就在于可以容纳不同来源之人,让大家共同创造一个光明灿烂的文化。以为中国文化从古到今是一致的,这种看法是错误的,若中国文化只是如此,岂非缺少创新能力?也不能吸收消化其他文化的特长了。有容乃大,江河不捐细流,能广采博纳,是中华民族的伟大之处。其实,对外来事物的排斥,在民族自信心不够时,最会出现。有人以为抱残守缺,深闭固绝,即可以防卫持守文化传统,殊不知这种态度常会扼杀文化生命茁长的生机。

问:历史的证据(evidence)是否足够支持一个史学家的理论(theory)?历史既然无法重演(reproduce),其可靠性何在?

答:历史的确不能重演证据(reproduce evidence),然而我们却可以有若干补救性的方法,例如用比较研究法(comparative studies),参照比较不同文化的经历过程,而得以建立涵盖较广的理论。事实上,历史工作者在做分析工作时,思考过程中往往无法避免作"如果A不发生,B是否仍会发生"的假拟语态。这种假拟,也就相当于假设史事了。说穿了,我们日常生活中何处无此经验?例如,妈妈说:"小宝,假如你好好地走过来,这个花瓶也不会被你撞下桌子了。"

问:一个人穷毕生之力,是否真的能通古今之变而成一家之言？即使真的成了一家之言，是否会因着他取材、诠释历史的独特方式，及他个人的道德价值观念，而影响了"一家之言"的客观性？史家在"善善、恶恶、贤贤、贱不肖"中是否也有颠倒是非的可能？

答：这个问题显然牵涉史学的意义及限度。史家研究的对象是远超过他所能掌握之范围的，"吾生也有涯，而知也无涯"，史家碰到的难题，是所有追求知识者都会碰到的难题。若不是历代知识累积，任何人穷一生精力如何能对一个最简单的问题提出答案？"究天人之际，通古今之变，成一家之言"并非真的能通一切知识，乃是在有限的范围内，找出几个涵盖较广的范围，包含较多现象的线索。可以提供给别人作进一步的考核、研究及探索，对别人这就是一种贡献了。我承认史学工作经常是求不到真理的。但其重要性并不在于"目的"，而是在于追求的"过程"，把追溯真理的过程完全摊开来，可以说就是史学工作者的目的了。至于史学家的道德观念放到历史上，是否会有不正确的褒贬，我想是有可能的。天下的"是和非"本来就没有绝对的尺度，史学家与任何人一样，是具有偏见的。但是一个史学家如果素养高、警觉度高的话，他会了解这种偏见之所在，也可以尽量避免任何不当的偏见。有几位同学提到董狐之笔。这是对事实记述的忠实，史学工作者在这一个任务上，必须有道德的勇气。齐太史与董狐，都是以生命殉历史真实的楷模，也是史学工作者应常放在心里的榜样。

问：一个史家除了研究、分析过去，是否能借着对过去的了解而对现在与未来的问题产生有洞察性的真知灼见？古人所谓的"鉴往知来"究竟能做到多少？

答：在大范围来讲，"鉴往知来"是史学家最主要的目的，否则过去的东西就用不着看了。但在细微的解释上，会因时代而异。中国古代所谈的"鉴往知来"，主要是强调政治方面的功能，让历史成为人君的镜子，使善恶有所鉴别。这也是史学家在历史内容中加上道德判断的原因，有褒贬之意。今天的"鉴往知来"，可以说有两个目的。（1）确定自己，晓得目前人类到了什么地步，也明了以前的若干站是如何走过来的。人要在时空中确定自己的所在处，必须要知道历史。不知历史就好像不知道自己的名字一样。（2）从过去的演化途径中看看现在所走的途径是否正确，把过去、未来衔接在一起。譬如行路，知何所来，方可知何所往。这是"鉴往知来"的起码意义。至于说到对未来的预测，在相当短的时段内，我们是可以作有限度的预测的。大致说来，只要变数资料齐全，即可作一般趋势的预测，亦可作稍微长程的推论。若变数资料不足，当然任何预测都谈不上了。在日常生活中，我们实际上也无时无刻不是依据过去的经验在作长程或短程的预测。史学家的工作不过是做得更谨慎而已。

问：就"鉴古知今，究往穷来"而言，史学应偏重古代史还是近代史？两者孰轻孰重？

答：这种比较是很困难的。古代史和近代史可以说都有研究的价值。研究古代史的好处有两点：（1）古代史料少得很，而且往往真假莫辨，这是训练一个史学工作者对史料整理、考订和解释的好场合；（2）研究历史由古而今比较容易些，可以说由上而下，其势也顺。一个研究近代史的，欲往上溯，却比较困难。不过近代史对现代人比较重要是无可讳言的，一个人必然对他置身的时代有着多一份的关怀。我认为一个研究近代史之人必须扩大他的眼界，使其角度尽量宽广，使自己思考的范畴可以从近代史以外的领域去获得。目前处理近代史亦有国内和世界两种做法。国内多偏于政治史和制度史的研究。然而我们应该明白政治现象常是社会和经济现象的反映，真正影响大众生活的常是社会和经济的变迁。因此处理近代史必须要有比较性、国际性及超越政治史的眼光，这样才能解决我们的问题，找出问题的症结所在。历史原是切不断的。古代史也罢，近代史也罢，不外乎是分工原则下的产品，治史的若干方法也不能说是哪一个时代所特有。不过，有时为了史料本身的性质，治某一断代史，会需要具备某些特性的研究工具。举例说，治殷商历史必不可缺的甲骨文研究，对治近代史的专家就无甚用处了。

问：您认为中国历史应如何来分期？

答：这是很麻烦的，也是争论很大的一个问题。目前国内多以朝代为分期标准，这是我个人不太赞成的。就上古史而言，以往学者多把先秦独立为一个单元，把秦汉统一后作为另一局面，两者分开来研究；然而目前的趋向却把二者视为一个局面，一起称为古代史，这是打破政治观念，而视先秦到东汉为中国文化成形到成熟期的看法。至于中古期，多以魏晋南北朝（三国以下）到北宋称之（也有人把唐宋以前称为中古前期，以后称为中古后期）。从南宋开始，由于经济成长及文化方向有很显著的转变，因此从南宋到鸦片战争可称为近古史。鸦片战争以后自然是近代史了。至于现代史的划分，则争论较大。有以民国创立（1912年）为划分线，也有以抗战作为划分线。实际上中国政治、社会、经济有显著的改变应是1949年以后（不管大陆还是台湾均进入一个新里程），因此现代史似乎又可以以1949年为划分标准了。历史是一个延续的过程，抽刀断水，终究不能切断奔流不息的江水。分期是治史者为研究方便而设的工具。每一时代的特色，可因断代分期而显现。可是每一时代终究是承袭前一期、开启下一期的转变期。分期是观念上的工具，而不是目的。

问：您对台湾史研究的看法如何？其困难何在？目前台湾古物及古迹保存的情形如何？

答：台湾史的演变，就我个人的看法而言，是一部浓缩的开拓史。这部开拓史的特色，是不靠武力而凭借着人群的移殖和文化的传播来建立的。因此观察这部浓缩的开拓史，就可以了解过去中国人是如何向北向南开疆辟土的。此外台湾近二十年来的经济发展和成效，也可以作为其他发展中国家的借鉴和参考。目前台湾史研究的困难是不能毫无限制地接触各种史料，也不能毫无约束地畅所欲言。台湾史迹的保存工作可以说做得极差，史料的保存亦然，这与社会缺乏历史自觉有关，自觉性不高，自然对保存的工作不重视了。我们今天身处在一个急剧改变的时代。人常常只往未来看，而不大想得往回头看。于是史料的散佚，常由于漫不经心。举例说，中国曾拥有最多的家谱，战乱连年，是以一般人家已少见家谱之类的史料。台湾地区犹有一些家谱存在于若干旧族故家，今日若不注意保存，只怕不久因乏人保管也难免亡佚了。

问：目前科学史的研究情形如何？从事这种工作应受过什么样的基本训练？

答：目前科学史的研究有两条途径：（1）讨论科技本身演变的科学史。（2）讨论科技演变外在因素（包括生态环境、意识形态、社会经济背景等）的科学史。前者只需排比各种学说的先后，讨论它们彼此的关系。这种研究方法显然较简单，但需要相当专业的知识，不是一般史学家能胜任的。不过一个专业的科学家却往往愿意将精力放在对现在问题的研究上，而非对过去问题的研究上。而且即使研究出一些成果，也常常产生同行人不想看而外行人看不懂的结果，这显然是吃力而不讨好的。至于后者的研究较前者远为复杂和困难，但较不需要太专业的知识。探讨的内容主要是科技产生的外在需求和环境，如"二战"中雷达的发明，是基于当时防空系统的需要，盘尼西林的出现，是由于大量战时伤患的救助需要。诸如此类的研究，你可以追溯出无数个原因，而且每个人看问题的角度都不一样，答案也就纷纭而歧义了。因此后者的研究也常是集体合作的，一个人做一部分。从事科学史的研究自然需要专业知识以外的一些教育和训练，这样才能看得远看得深，解释的涵盖面才可以比较广。我们今日对科技史研究更可加上中国科技史的一片园地。这一工作已由英人李约瑟开其端，然而其中天地甚大，仍有不少回旋余地。中国传统科学思想有些与今日西方科学思想极不同的基本假设，单这一点，就大有可为了。

问：过去的史家为人做传记时，常强调一个人特立独行的性格，然而目前心理学却指出一个人的性格常是外在环境塑造的（即假定人出生时都差不多，只因为生存环境不同而形成不同的性格）。依您看，许多传记是否需要改写？心理史学（Psycho History）是否是一个可尝试之途？英雄人物在未来的史学领域会扮演什么样的角色？

答：许多传记当然可以重新改写的。不过这也有相当的困难，如史料的阙缺。想为中国古人做传记就特别面临此难题。中国古人的列传都是十分简短的，要搜集一个人全部的资料是十分不易的，而且可以看到的史料又有很多不能用（古人今人的日记、家书常是写给别人看的），因此往往要从一个人不经意的作品如诗、词、书信中去发掘当事人的性格。心理史学的做法的确可以尝试，但需要具备一个精神医师的学识和素养，否则写出来的作品会流于附会。至于一个人的性格，究竟有多少出于外在环境，有多少出于他本身，也是很难定的。中国士君子由于受到儒家的熏陶，必具有某种程度的谦让、忍耐及自省，但每个人的差异性还是存在的。过去的史学领域，英雄人物会成为史家的主要关怀对象，是因为过去社会中个人影响力较大（与民智不开有关）。我相信未来历史的发展，英雄人物扮演的角色将愈来愈小，平凡大众的力量会愈来愈大。因此未来史学不太可能再走到以英雄为主角的方向，而必须对"文化、社会、国家"有更多的探讨。关于"褒贬"二字，我以为，在个人英雄的影响力大时，个人负担的成败是非责任也大。未来的世界，公众传播工具的普遍、民智的开展、群体的复杂，凡此都足以造成个人英雄影响减弱的趋向。要褒贬，是对于群体的评判，而不是对个别人物赞美或责备了。但是，只要有人负担比一般群众更大的责任，也就是所谓领袖人物，他就须同时负担这个决定"是否对""是否好"的责任了。

二、历史问题的讨论

问：应工具的发明而引起的历史改变，在清以前是否存在？

答：印刷术的发明很可以说明这个现象。印刷术由木版印刷演变到活版印刷，使中国很早成为知识普及程度最高的传统社会。佛教在中国的流行，以及佛教中国化的过程，都与经文印刷流行有关。儒家经典的普及，也在宋以后使知识分子的人数急剧增加。这个转变极具重要性，其影响是多方面的。最狭义的方面，宋以后的文献数量多、流传广。书籍经过淘汰而留传，都不再像宋以前有所谓"六劫"的大量亡佚。另外，教育因书籍方便而使中产阶层也有受教育的机会。广大的受教育阶层不仅扩大了士大夫的储备数量，而且甚至提高了其他职业从业人员的素质。广大受教育阶层的存在，无疑会促进社会流动，使人才流转更自由，防止特权阶级长期垄断特权。由知识累积的角度看，书籍便宜易得、流传方便，一定会使知识的交流活泼，刺激新观念。宋明理学的发展是中国近古以来的大事。印刷的书籍，使参加创造这新思潮的人数庞大，观念多彩多姿。宋明理学思想因下达民间、着地生根，而成为世界上最平民化的意识形态之一。宋以后的中国，只要是读书人都有发扬圣学的责任，并不把阐述经典的工作委托给若干指定的人物。相形之下，原由民间起来的基督教，在中古欧洲必须依赖天主教会之中的神职人员承担这个任务。二者对比，我们可说印刷术的发明使任何受过教育的人都能担任儒家代言人的身份。宽泛点说，宋以后的中国，一切都与以前不同，其中有不少因缘都可能和印刷术的发明有关。

问：中国历史上何以没有出现排他性及干政兴趣较强，像伊斯兰教、基督教的宗教？

答：中国宗教可以说有两种形式。一种是本土发生的宗教，这是先秦就形成的宗教信仰，它主要包含敬天、祭祖两个观念。这两个观念可以说渊源久远,是自然崇拜、祖灵崇拜合理化的解释,也与儒家有某种程度的结合。另一种是外来的佛教。在中国社会中,儒家占有领导性地位,但它却是一种宽容性极大的系统,它主张的不是极端,而是中庸,而且内中理性成分高,感情成分淡,故较不排他。佛教亦是同情心极强的宗教,到中国以后,日益中国化,"禅宗"及"净土宗"之出现,几乎使佛教完全本土化和平民化了。佛家所倡导的"放下屠刀,立地成佛"观念与儒家"人人皆可为圣人"的观念近似,不具限制,不排斥他人。道教是反映佛教的本土宗教,早期曾与佛教竞争,原是具有相当排斥性的宗教。然而逐渐也变得非常宽容,这是由于它所依附的道家哲学是一种消极的哲学,不是积极与人相争的哲学,而它的仪式也多借自佛教,更不好与佛教争执太烈。此外中国宗教对政治都有两个态度:上层权威人物与政治合作,下层人民与政治对抗。因此中国宗教在乱世会与政治抗衡,在承平之世则多与政治合作,而不敢在政治权威之外另立系统。这与西方社会是大不相同的。基督教在地中海发迹时,政治权威虽隶属文化素养低的蛮族领袖,但基督教却拥有一批识字的教士,可以说完全掌握了文化工具。因此能与政治权威分庭抗礼,甚至可以操纵政治。中古欧洲可以说是一个三足鼎立的局面——武士拿剑,教士拿笔,商人拿钱。中国大一统政府是有笔有剑又有钱,自然无人能与它抗衡了。

从另一方面看,儒家是入世的思想学派。儒家在孔子的时代,就具有淑世救世的理想。由春秋晚期以后,儒生为诸侯师友卿相。汉代以儒术取士,从此以后儒生几乎等于候补官吏的代称。士大夫阶级一直由儒生组成,释道不分。不过,儒生淑世,不限于从政一途而已。从政,是所谓"用进";但"退藏"则并不单纯是消极的遁世。有抱负的儒生,会循着修身齐家治国平天下的程序,自行负起教化乡里的责任,至少也要向宗族辑睦的理想努力。儒生的淑世,因此不是单纯由政治途径下手,更是从社会途径从事教化的工作。以这一意义言,由于儒生的广泛分布,而且儒家意识形态以诉诸理性为手段,儒家思想遂得以在中国民间广泛而深入地扎根。儒家不是排他性的思想系统,但由上述原因,儒家在中国文化中具有几乎独占的影响。

问:中国文化中"以夷变夏"的例子有哪些?

答:赵武灵王"胡服骑射"就是很显然的例子。战国中期以后,战争加剧,而过去四匹马拉的战车已不适于当世之用,因此引进"胡服骑射"乃是势在必行之举。这种方式进入中国后,造成了中国战争形态的全然改变,秦帝国的统一天下,与此也有密切的关系。另一个以夷变夏的例子是新粮食品种的传入。在中国历史上,人口忽然的增加常与粮食品种的传入有关。像南宋时，南方一隅之地，人口却不少于全盛时，追究原因，是从高棉传进了早熟稻；清初人口也突然大增，显然又与玉米、番薯的传入有很大的关系，中国东南沿海人民因有这两种可在边际土地生长的食物方得以吃饱。佛教进入中国也是以夷变夏的例子。它对中国人的精神生活无疑有很大的影响，不但刺激了儒家，产生了"心性之学""理学"，也刺激中国产生道教。中国的音乐及乐器亦受到外来文化的影响，以前中国雅乐的乐器是丝、竹、石、木，均是吹、敲及弹的。胡乐及胡琴等的传入，才使中国出现新的音乐。现在我们称为国乐的乐具，如胡琴即带有"胡"字。顺便再说说大家日常习见的事。明代衣冠是斜襟大袖，峨冠博带。满人入关后，长袍马褂成为男子的服装。旗人女子的衣服，则仍不为汉妇衣着。民国以后，旗袍忽然成为一般女子的常服，而长袍马褂则成为国定的男子礼服。满族固然也是中华民族的一支，但是由狭义的文化定义说，这种服装样式的演变，也是以满变汉的有趣例证。

问：宋朝"心学""理学"的发生是否与宋朝的"商业化"和"都市化"有关？

答：的确有关。"商业化"与"都市化"造成一般人民交往频仍，知识传播因而较方便；再者它们使得中国一般人生活较舒适,知识较普及,一般人才会对自己的存在有更多普遍意义的肯定,才会不把圣人视为高高在上的理想,不会追问"我是否可以成为圣人?",终于最后出现了"人人皆可为圣人"一类的思想。总之,心学及理学这种意识形态是需要建立在一定经济及社会基础上的,社会出现一批拥护这种意识形态的中产阶级,也是宋明理学能够发展茁壮的原因之一。不过宋明理学的发生,是一件极复杂的史事。我在前面已经提起印刷术的发明,它也多少有助于宋明理学的发展。除已说过的几个因素外,我们还必须考虑很多其他因素:佛教的挑战、学术的平民化……诸项因素之间也具有错综复杂的关联性。若单单举出一二因素认为是主因,每每会使一件复杂历史现象失真。总之,宋以后的中国,一切均与以前不同,这是我前面已提过的现象。我们讨论这些影响深远的变化,多种因素的交互作用是不容忽视的。

问:宋朝"商业化"及"都市化"是否也造成了"以妇女作为财产"的局面?

答:如果比较世界各文化,你可以发现,在打猎、畜牧的社会中,男人往往以妇女作为财产,这是女人体力上不如男人之故。然而农业社会却不然,农事是需要男女合力经营的,男女地位会比较平等。中国自汉以来都是以精耕为主的小农社会，因此男女在工作上是互助合作的。男耕女织的分工甚至反映于牛郎织女的故事上，妇女不但不是寄生虫，在生产数字上亦占有相当大的分量。因此农家的妇女可以说始终具有和男人平等的地位，这是历代都差不多的。中国妇女地位低下是在下列情况下：作为贵族家的仆役，即婢和妾。但是这个不公平并不限于女性，男性奴役和她们的数目是一样多的，两者同居卑下的地位，同为贵族的财产。当然，无可否认，宋朝的商业化，的确使不少富商大贾也有闲钱置婢妾，把妇女作为交换的财产。而且唐朝妇女享受的许多权利，到宋朝似乎泯灭不存了。但是这并不意味中国下层社会结构有任何改变，只是唐朝一群特殊的门阀贵族到宋朝完全消失了。比较传统中国的妇女地位与传统欧洲的妇女地位，中国的妇女，其实还是相当与男性平等的。

问：中国传统社会虽是一个深受儒家熏陶的社会，但是我们经常可以看到一群恩怨分明、要打要杀任凭己意的侠义人物，他们是不太遵守儒家道德规范的。此外，中国神仙鬼怪故事一直很发达，而内中描述的情节亦不太符合社会礼教，如女鬼与书生相恋，甚至同居生子。依您看，他们是基于什么原因而产生的？是否是儒家的一种反动？

答：我认为这两种意识形态是具有不同的社会意义的，

故需要分开来解释。"侠义人物"可以说在战国时代就出现了,出现的主要原因,与社会解体有关。当旧社会逐渐崩溃,新社会尚未形成之际,社会上的动荡不安会特别大,人为了保护自己的生存常常必须结集成一群群志愿性的团体,以"互助、相保"来抵抗外来的侵扰和伤害。因此"侠"和"儒"基本上来讲不是对抗的,而是不同的社会情境下的不同人物。儒家希望形成一个以亲族伦常为社会关系的社会,着重的是全体,比较不重视个别成员之间的互赖与信任,因此强调的是个人对制度的信任。"侠"则常存在于两个社会的转型期或边疆社会中(即中国儒家社会体系无法正常运作的地方),个人结合成为势在必行之举,所凭借的也就是恩仇分明、肝胆相照的社会关系,因为唯此才能保障他们的生存。至于神怪妖狐的存在,倒可能是儒家制度的一种反动,用这种小说的确可以抒发一个人对社会礼教制度的反抗。当然这也是中国人抒发非理性成分的地方。日常生活中不可能的事,礼法观念不容许的事,却无妨在幽冥的世界,以本能与冲动作为原动力,人类之外的鬼狐,倒可以不受礼法约束,做一些常人可能想做而不能做的事。不过,我想提醒你:大多鬼狐故事中的主角最后仍不能脱离礼法的制裁,《白蛇传》就是一个很好的例子。

问:中国传统社会中,"士大夫"是占有领导性地位的,他们不但是道统的承继人，也占有"君子之德风，小人之德草，草上之风必偃"的领袖境地。这种士大夫在今天的社会中是否泯灭不存了？当社会不再具有这种精神领导中心的形象时，是否会产生价值混淆、道德堕落的局面？

答：过去读书人占有的特殊地位的确不存在了，而且我认为也不应再存在。每个社会都应有若干精英分子（elites），但是他们不该享受过多的特权。过去士大夫显然享受的权利太多，尽的义务太少。在目前的社会中，受过教育而且有专长的知识分子可以说比过去社会为数更多，每个人可以从不同的领域中进入精英的范围中。而且今天公共传播网是如此发达，知识分子的思想是很容易带给一般人的，一般人的想法也容易回馈给知识分子，因此今天的社会已不再是"君子之德风，小人之德草"的时代，而是很大一群知识分子在各专业上得到别人敬仰，同时也能采纳群众意见，共同领导舆论之形成和创造新文化。就今天对知识分子的定义来看，过去的士大夫的确不存在了，但是作为公共意志代言人的角色，现在的知识分子仍然与过去无别。至于知识分子的转变对社会的影响为何，我认为是有得有失的。它的好处是造成意见的多样性，而意见的多样性对文化的持续是很重要的。价值体系的纷然杂陈，也可以使人多一些选择机会，而不必盯着某一个定于一的价值走，这也不是顶坏的事。舆论最怕的就是跟着一个权威走,许多意见相激相荡才能孕育出文化的新花朵、新果实。

至于精神领导中心的问题,我认为不论哪一个大的思想体系,都有其崇高的理想与无私的境界。今日教育普及,人人可以通过阅读,而直接从人类历史最伟大的心灵中摄取精神食粮。精神领导的中心,颇不必有求于现世的说教者。历史上这样的时代并非没有,如春秋战国时代,旧封建系统崩解,社会长时期混乱,旧领袖阶层也已消失。然而这一时期是中国学术史上的黄金时代,百家争鸣,为中国后世留下了各学派的思想。我们现在的条件比古代好,一个短时期的转型期,也许会带来另一段光辉的时代。

问:知识分子不愿与当道同流合污,是否就会自我放逐?

答:在任何时代,真正的第一等知识分子,总可能会与同时代的想法有距离。他能见人所未见,观点难免与常人有异,因此"自我放逐"或者自居退隐,也是自然的事。精神上会有几分寂寞,倒也不必一定是"放逐","大隐隐于槽室,小隐隐于山林",并不一定要跑到山林野地,但是如果他真正关怀人群,必定时时刻刻想要了解四周的人群,他不会孤芳自赏,远离芸芸众生,他会持同情的态度、仁者的胸怀来感觉人群的脉搏。先天下之忧而忧,后天下之乐而乐,原是中国知识分子的抱负,希望这个传统仍有人接续下去。

问:置身于目前文化转型期中,历史对我们个人有什么意义?我们如何能不盲目随着眼前的潮流而进入一个新的时期?

答:这就是历史教育应具备的功用之一了。一个人在年岁稍长后,多了阅历,会培养成熟的性格,不忧不惧,淡泊宁静。历史记载的比一个个人生命的长度更长。由此获取的经验,由此看到的治乱兴废,应该可以让身处转型期中的我们不会过分惊惶恐惧。眼光放远一点,我们会看到过去的转型期,对其中过来人固是惊涛骇浪,但以时代大势言,转型完成后,天地更开阔,文化生活更丰富。这番了解,大约可以有助于心胸的宁静。另外,历史上无数人物为一己小利挣扎终生,烦恼嗔怒。到头来,他们在历史的大画面上,连一点影子也没有。这一番领悟,大约也可有助于个人放下一些患得患失的心情。精神境界能够淡泊宁静,则心有主宰,比较不会过分惶惑迷惘。说起来,这是人文教育的一环,也是人文教育(包括历史教育在内)无用中之大用。至于新时代的缔造,是无数社会个别成员的共同业绩。任何人不能只手擎天。然而,人人仍须严肃地关怀未来。若人人掉以轻心,这演变的方向就更不可知了。

问：目前在台湾的学生，由于对中国现代史了解肤浅和偏失，常常一到海外，看到一些这边看不到的史料，就很快改变政治立场，您以为这种不幸应如何避免？

答：这种情形就如同拿一个错误换另一个错误一样。"不要持轻信的态度"是面对问题的好方法。尽量对双方提出来的史料、解释保持冷静而不轻信的态度。在此我愿意介绍一本相当不错的近代史著作，即 C. Y. Hsu（徐中约）的 The Rise of Modern China（Oxford University Press，1970。国内译为《中国近代史》）。此书理论非常平实，各家理论都有介绍。当然，国内的开放尺度如果大一点，让学者们对若干多少有点忌讳的问题也提出讨论，则由讨论中见真相，同时，学生及社会大众对于辩论的几个角度都有了解，则自然而然取得了抗疫性，就不容易轻信一面之词了。

问：对于一个学理工的学生，应如何使自己具备人文素养？如何充实自己对史学的了解和认识？

答：人文教育应是人人可获得的机会。为了基本的人文教育，至少中国、西洋一些经典的著作总应读过。中国的经典著作如"四书"、诸子及各时代的代表作是应该看过的（即使看不懂文言文，也该参照白话翻译本来对照着看）。西洋的经典作品如《圣经》、神学著作以及近代的一些政治、经济、社会论著也应该涉猎的。至于史学知识的充实，则可以读一些好的通史和专史著作，中国通史方面如钱穆先生的《国史大纲》是一本非常值得看的书。专史虽然较深，读起来较吃力，但也是可以看的。不过不易选出对人人都有用的书籍。

按：许教授在同学们的要求下，又开了一个简单的书目，这些书是许教授认为值得一读的。

中国：《论语》、《孟子》、《荀子》、《礼记》（《大学》《中庸》《礼运》）、《朱子全书》（卷四二—五一）、《阳明全书》（《传习录》）、《明夷待访录》、《船山遗书》（《黄书》《读通鉴论》《周易外传》）、《日知录》、《亭林文集》（前三卷）、《饮冰室文集》（"新民篇"）

西洋：可参考阿德勒（Mortimer J. Adler）所编的一套书——《西方世界的伟大著作》（*The Great Ideas: A Lexicon of Western Thought*）内中所列出来的著作

三、文化问题的讨论

问：斯宾格勒（Oswald Spengler）所著的《西方的没落》（*The Decline of the West*），汤因比（Arnold Toynbee）的《历史研究》（*A Study of History*）及索罗金（Pitirim A. Sorokin）

的《社会与文化动力学》(Social and Cultural Dynamics),这三本书均对人类文化过程做了广泛的回顾和剖析,并提出演化的法则。彼等对目前西方文化也有不太离谱的描述和诊断,您对这种诸法则可寻的文化史观有什么看法?这种史观是否包含命定的意味?此外许多对人类未来作预测性描述的书籍,如《1984》《美丽新世界》《成长的极限》《未来的震荡》等,这些书籍的可信度有多大?人类对于未来的演化方向,究竟能掌握到什么程度?

答:首先我们谈谈这三本文化史观的书。《西方的没落》代表一种文化有机体的史观,认为历史像人的身体,有生、老、病、死的时候。这种比喻自然有些不恰当,文化并不像身体,身体是个自足的单位,在新陈代谢中必有衰老及死亡。文化却非自足的单位,可加进新的成分,也可以减少旧的因子;可以传播,也可以接受。尤其是两个文化交界处,常可出现一种"边际人"的形态(在这种人身上可以找到明显的两种文化),因此文化是无法划出清楚界限的,有机体的生、老、病、死也不能用到文化上来。汤因比的《历史研究》,是把过去人类的文化区划成26个单元,并归纳出这26个单元的特性。基本上,他并没有指出哪些特性必然会引导出哪种结果,即使有一些推论,如:一个大帝国可能会与一个普世教会结合;一个文化和外来文化接触后,不是适应就是死亡,也是基于若干条件综合发生时的一种预估。至于他认为下一个循环的文化形态应是"宗教伦理文化",这与他个人的宗教信仰有关,并不是一种命定论。至于索罗金的《社会与文化动力学》,基本上是讨论社会上的关系形态,并由三种关系形态来反映三种文化形态——理念、中庸、感性三大形态。同时也指出三大形态有互相替代的可能。他的理论也不能算是命定论,因为他也强调必须具备某些条件才能进入另一个文化形态中。有关未来学的推测,如《1984》《未来的震荡》这些书,乃是按现在的科技能力而对未来可能发生的状况的一种预测,并不是凭空的幻想,所以也非命定论,基本上还是站在现有的西方基础上做相当短程的推论。至于"人类未来文化是否可以为人所控制"这个问题,我个人以为,愈到未来,个人对文化操纵的可能性愈小,这是因为社会文化发展愈来愈复杂,人口数字愈来愈大,一个人要想影响社会的可能性愈来愈小。不过如果我们不警觉,使一些传播工具为少数人所占有,舆论被某些政治权威或独裁者所操纵,这些少数人的确有掌控社会的可能。然而,人对自己未来的方向应该是可以掌握的,这并不是说每个人能做同样程度的掌握,乃是在他的范围内做某种限度的掌握,使他的选择方向可以影响到整体。未来如何并不能完全推测出来,但是"多一分努力,就可多一分影响未来"却是可以确定的。以近代史为例,德国在希特勒执政时,举国疯狂地拥护他，以致他一步一步把德国领向无理性的屠杀与征服。当时不是没有一些有识之士，但是民族优越感把大多数德国人迷得失去了理性。若有足够的学者和民间领袖勇敢地发出理性的呼声，扭转纳粹的方针，欧洲的一场浩劫未必不能免去。

问：在人类历史中，世界文化最初颇有"群雄并起之势"的多元性，而产生差异性极大的文化形态和结构，然而几千年的演化结果是，文化间的差异性似乎愈来愈小，共同性则显著地增加。那么人类文化是否正朝着一个大一统的文化迈进？在这种文化融合的过程中，是否存在着一些"弱肉强食""优胜劣败"的基本法则？

答：文化的差异性的确会因着文化愈来愈频繁地接触而逐渐减小，未来世界也极有可能出现一个大一统的共同文化。这种殊途同归（cultural convergence）的现象，主要是由于每一个文化体系都必须采借其他文化的创造物（无论是物质的工具或精神层面的理念），来解决自己的问题。然而这种文化融合的结果并不会使人类文化愈来愈单调，在一个统一的世界文化下必然有地域差异性的存在；而且唯有允许和鼓励这种"差异性"及"不同意见"，这个一统的文化才能愈灿烂、愈可取。一旦不同的意见消失，一个文化就只能用一个模式来应付各种问题,其后果将不堪想象,必落入"固步自封、刻舟求剑"的境地。至于坚持文化融合中必有"弱肉强食"的现象,这是社会达尔文学说的看法。这一种理论显然是逻辑的类推多于实证的时候,因为社会体并不同于生物体,两者是不能相类比的。所以从长远来看,世界会"殊途同归",但不一定会"弱肉强食"。就以帝国主义而言,我们可以发现20世纪下半期,经济帝国主义常面临文化的贫乏,因此经济性的强国也往往需要向别的文化汲取养料。总之,除非我们自愿放弃不同意见的歧异性,自愿定于一尊,才有凭借武装力量、政治权威或其他方式把一己意愿强加在别人身上的危机,造成文化、经济、军事三种帝国主义合一的局面。我个人认为这种情形发生的可能性是不太大的。印度在政治、经济及军事力量各方面,一无足取,单凭一些神秘主义的余绪,就颇能自居文化大国。我们倒也不必妄自菲薄,轻易放弃大有可为的文化天地。

问:人类学家有所谓"中心文化"及"边陲文化"的说法(即边陲文化之成员会不断认同中心文化中的社会价值)。很显然的,近代西方科技发展及政经制度以空前未有的力量向世界各文化扩张渗透时,似乎已成为众之所趋的焦点。那么"文化多元"的理想在未来是否还有可能实现?即使未来文化会殊途同归,边陲文化在大一统的文化中是否只是一个微不足道的角色？中华文化在未来文化中会占有一个什么样的地位？

答：我认为未来殊途同归的大一统文化应该是把各种不同的文化融合在一起的。换言之，未来的世界文化可能是个"杂碎"，任何个别的水滴都会产生作用。要想在未来文化中占有较多的成分，必须要看你目前的努力。绝不是靠一种怀古和抗拒的情绪就能把自己的文化发扬光大的。中华文化具有相当多的特性和优点，这是毋庸讳言的，它是相当长期调适并和其他文化融合后的结果，因此与未来可预期的大一统文化可以说是十分相似的；这一前所未有的文化大整合阶段，中华文化在其中发生作用也是必然的，如中国的修齐治平之道，以乡里为单位的福利政策，以人伦观念来处理人际关系，都可为未来统一文化提供若干有价值的参考。以最后这一点为例。中国的五伦观念统一了群体与个人。在欧洲文化体系中，群体（社会）与个人之间的对立与紧张，一直是无法解决的难题。有了以个人为中心的五伦，再加上逐层推广（由身，而家，而国，而天下），个人与群体是和谐的，而不是对立的。这个例子只是中华文化有价值处之一例而已。

问：一种文化受另一种文化的冲击时，人民的心态会如何变化？民国初年的文化论争，至今还余波荡漾，争论屡起，尚有某些人坚持"中国近百年来的历史是帝国主义的压迫史"，并对西方经济社会体制采取极端抗拒的态度，这种心态又是如何产生的？

答：一种文化的接受和给予，并非是全盘的，尤其对于一个内涵非常丰富的文化而言，取舍之间尤为复杂，牵涉的情绪因素也特别大。中国文化传统久远和深厚，在受近代西方文化冲击时，产生极大的波澜是势所难免的，内中夹杂的感情因素也会特别强烈。不过这种现象我并不以为是值得感叹的，反而觉得欣慰，因为唯有在这种情形下，才显出中国人在面对世界文化时是何等严肃的态度。我相信世界文化的融合势所必至，无法避免，各种论争的波澜早晚是会过去的。强调近代中国历史是帝国主义的压迫史，并对西方采取极端抵制态度的人，显然是源于一种极端的民族情感。极端的民族情感必会导致"本土主义"（nativism），其特性是情感重于理性，委过他人，并夸大自己的无辜，同时拿一些人与物作为祸患的象征，认为排除一些象征性的东西后，就可以排除祸患。本土主义几乎是各民族在挫折之下产生的必然反应。几无疑义，中国近百年来的确受尽外国的凌辱压迫，国力也受到相当大的耗损；但是在今天极端地排斥西方并痛骂过去的敌人是于事无补的。目前应该做的是从过去的悲叹中站起来，积极开创新的局面。大可不必怒目全世界之人，或打倒一切象征性的人或物。本土主义一方面是高贵的，因为它是自尊性的表现；一方面也是无用的，因为它牵制了自己向前的脚步。

问：西方18世纪以后出现的社会主义及资本主义，在传统中国是否也有类似的形态？如果答案是否定的，原因何在？

答：这两种主义分别代表了以群体为主的思想与以个体为主的思想。其对立也当看作上述两种思想的对立。在欧洲的历史上，社会与个人经常在对立的紧张状态。我国历史上没有出现集体主义与个人主义的对立，因为在儒家的社会体系中，个人与社会是许多同心圆套在一起的延续体。个人经过修齐治平的步骤，把关怀逐步扩大：家、族、国、天下，圈子一层比一层大，关怀的对象一层比一层广阔。用则进，退则藏。在无法兼善天下时，个人仍可以独善其身。此中，个人与个人不是相竞的个体。社会涵孕了个人，却不是对个人的压制。个人对另一个个人，也许仍让步，但是让与对象，仍以亲疏远近为差。权利义务的分配仍是建立在自然的亲属情感上。这种秩序，我称为个人与社会的延续模式。如此，中国自然不会发生社会主义与资本主义对立的局面了。

然而中国历史上仍有另一因素的对立，我称之为政权与社会的对立。中国历史上时时有扩张君权的理论与实践，可是也时时有以藏富于民为目标及维护百姓权益的理论与之对抗。儒家的理想，基本上站在维护社会一方面，向过分的君权抗争，可是儒家的士大夫也正是政府的官吏。这种双重身份，使以儒家为主体的政府中时时出现两种政策的冲突，甚至造成严重的党争。我们必须注意，在两派冲突时，儒家正统的同情总在维护民生民权的一边，被称为清流、正人君子。向君主抗争的大臣，也往往得到历史的赞赏。甚至为了不愿服事君主而隐退的士大夫，也留名在历史上，留名在百姓的心目中，被当作清节的象征。由此看来，中国文化毋宁是把社会置于政权之上的。

附录　清华文史讲座缘起[*]

李亦园

"清华大学"在1984年秋创设了一个新的学院，称之为人文社会学院。这个学院的创立虽不敢说是要继承北平时代清华人文学术的光荣传统，但是其目标仍在拓展人文学与社会科学的研究领域，使清华恢复成为一个完备综合的大学。三年来，清华在人文学科领域已设有中国语文、外国语文、历史、语言学等系所，不久的将来亦拟设立文学研究所，在文史方面之科系可说已略有规模，而教学与研究亦齐头并进，相辅发展。

清华校方对人文社会学术风气之提倡亦不遗余力，首先于1984年6月全校毕业典礼中，邀请余英时先生莅校做特别演讲，其后每学期均提供相当经费，配合台湾科学委员会之

---

[*] 本书中提到的"清华大学"，均为台湾"清华大学"。——编者注

资助，供文史各系所邀约极孚声望的学者来校办讲座，发表系列演讲。办讲座的诸先生，对清华特别厚爱，不是携讲稿来校，就是事后整理成篇，愿供清华出版为文史讲座丛书。此一雅意，对清华人文社会学院师生是一个很大的鼓励，我们自然不可能达到真如英时先生期望历史所同学"学际天人，才兼文史"的境界，但是总希望借他们提示的经验与方向，为学术拓展一个新园区。

历史研究所杜正胜所长为这一讲座的策划最费心力，又经他的接洽，联经出版公司刘国瑞总经理慨允刊行这一丛刊，谨向他们表示谢意；同时也要再次对过去以及将来支持这一讲座丛书出版的学者，敬致谢忱。

1986年岁末写于新竹清华园

初版序

这本小书包含了两个部分：五篇对于中国文化与历史的观察，是1987年6月下旬在台湾"清华大学"历史研究所的讲演；另有四篇是1985年在台湾"清华大学"的讲演，附属在沈君山兄所授的通识课程内，其内容则是讨论近代科学革命的背景及其未曾在中国发生的一些讨论。至于附录一篇，则是用突破与转化的观念，比较几个古代文明的发生，作为上述九篇的背景资料。

书中这几篇文字所论，大致反映我近两三年来对中国历史的一番省思。既是个人的观点，自是解释多于叙述及分析，也自然不能与别人的看法完全一致。每个史学工作者，隔几年有一番省思，至少有助于梳理自己的思路。再隔几年，我的观点必然又会有改变。因此，这一本小书也不过是一己心路历程的里程碑而已，称不上定论，更谈不到成熟。

只盼过几年之后，自己会有更为周全的诠释，代表另一阶段的了解。

中国历史，在岛内几乎是史学园地的全部，在岛外则是大天地中的一个角落。其实，中国历史的时间长，史料也相当宏富，应当是比较历史学中主要参考组之一。可惜因为现代史学是由西方史学传统发展而来的，中国的历史至今仍只是汉学家耕耘的土地，还未进入现代史学的主流。岛内外的史学工作同仁，尚需共同努力，将中国历史发展为世界史的一部分。我自己愿为这个任务，尽绵薄之力，只盼同志日多，则中国历史可作为解释世界历史意义的重要依据。

最后，谨向李亦园、沈君山、杜正胜及台湾"清华大学"毛校长致谢，没有他们的安排，我未必在此时做这一番省思。

论雅斯贝尔斯枢轴时代的背景

雅斯贝尔斯是存在主义哲学家。他的学术工作,是由心理分析转入哲学,最后则专注于思考文化的演变与未来,希望经由世界哲学来促进世界文化的呈现。他认为,人的存在,不仅是存在而已,而且是人对存在意义有选择与界定的自由。哲学不但在于认定人能思考、能存在,而且哲学的关怀集中于"人的存在是文化实体的中心"。雅斯贝尔斯对历史的讨论,主要重点在其著作《历史的起源与目标》[1](*The Origin and Goal of History*)一书中。

雅斯贝尔斯认为,在公元前800年至前200年间,几个古代文明都有人提出系统性的思考,对人类何去何从以及是

---

[1] 德文原书 *Vom Ursprung und zeil der Geschichte* 在1949年出版。本文所用则是英译本 *The Origin and Goal of History*, New Haven: Yale University Press, 1953。第三版1965年。

非善恶问题，赋予了普遍性的意义。这个时代，雅氏称之为有了第一次突破的枢轴时代（Axial Age，或译"轴心时代"）。史学工作者对于雅斯贝尔斯提出的问题，曾有一次集体的讨论。在1973年，十余位史学家在威尼斯集会，讨论历史上第一次重要的超越。讨论结果刊登于 *Daedalus*。[1]最近，社会学家艾森斯塔特邀集了古代史、思想史、哲学与宗教学专家在德国（1983年1月）与以色列（1983年底及1984年初），集体讨论枢轴时代的观念。其实早在1982年底，考古学及古代史的十余位同人聚在美国新墨西哥州讨论古代文化崩解及转型的问题时，艾氏就已提出雅斯贝尔斯枢轴时代的观念。会后，艾氏又召集了上述两次讨论会。数年来讨论的几个中心问题，基本上包括了雅斯贝尔斯所没有谈到的具体问题，例如第一次突破后"道统"（orthodoxy）与"法统"（legitimacy）的关系、正统的分化与转变，以及知识分子在各阶层担任的角色。本文的主题则集中在第一次突破前的条件，以中国古代文化发展的脉络，来检证其他主要古代文化的发展轨迹。比较研究，并不是画等号；因此，我们不必引喻失义，却需从大处着眼。

最近一百余年，西方史学界总有寻找普遍性历史规律

---

[1] Daedalus Wisdom, *Revelation and Doubt: Perspective on the First Millenniun B.C. Deadalus*, Spring, 1975.

的尝试。19世纪有黑格尔的唯心史观与马克思的唯物史观，两者都着眼于历史的辩证性发展。黑格尔把历史的规律归之于精神，马克思则归之于经济生活。但是他们两人均认为历史发展的每一个阶段，都种下了自我毁朽的因，遂导致了由下一阶段取而代之的果。第一次世界大战结束后，斯宾格勒所著《西方的没落》，又进一步将人类文化比拟为有机体，以为每一个文化都必然经历生老病死的过程。[1]第二次世界大战后，汤因比的《历史研究》，在斯氏命定论的有机演变过程上，加了若干人类的自由意志。他的挑战与反应的理论，至少承认了人类在相当程度上塑造了自己演变的过程。[2]由黑格尔到汤因比，历史的必然性已经减弱了不少。然而，即使在汤因比笔下，人类的历史似乎还是一个存在于人类个别成员以外的实体。

　　历史是什么？历史是我们对于过去的知识，是我们取舍、整理对我们有意义的事件，以我们自己的认识加以贯串，用我们能够理解的逻辑，组织为一个对于过去的解释。因此，历史的解释不能避免记述者自己视角的影响。我们遂不能不承认，历史的"真"只是由某一角度观察的"真"；然而这个"真"，仍是在全体的"真"之中，反映了全体的

---

[1] Oswald Spengler, *The Decline of the West*, New York: Knopf, 1939.
[2] Annold Toynbee and Daisaku Ikeda, *The Toynbee-Ikeda Dialogue: Man Himself Must Choose*, New York: Haper and Raw, 1976.

一个片面。以上所述，还只是以今之视古，属于历史学的记述及解释。若从历史事件来说，对于今人，是古之为古；对于古人，则是今之为今。当时当世，历史的变化是许多个人抉择的总和。历史譬如巨轮，当时在世的无数个人，或推之，或挽之，或左之，或右之，扰扰攘攘，把巨轮推到一个位置，也给巨轮一个速度。这些无数个别的行动者，我们以"古人"一词来代表，在其做推挽左右的抉择时，又都已在一定的定位，在由其特定时空的过去所决定的定位。对于这些古人，他们的抉择有其确切的意义。这个特定时空的条件即这些古人的历史，而其所见所知的历史即决定其所作所为的意义。因此，对于特定时空的"古人"，历史有其特定的意义。所以，历史不但是记述者——"今人"——所具视角的"真"，同时也是参与历史的人——"古人"——所具视角的"真"。

然则"古人"是否有意识地认知自己的历史呢？雅斯贝尔斯认为，只有在某些人类文化中，"古人"曾有意识地认知历史的意义。他归纳了若干古代文明的演变，指出在公元前6世纪前后，中国的孔子、印度的佛陀、波斯的琐罗亚斯德、犹太的以赛亚以及希腊的毕达哥拉斯诸贤，几乎同时现身。他称这个时代为历史上的枢轴时代。在这几个地区，中国、印度、波斯至希腊间的中东，人类的文化进入了文明，由此分化衍生，遂有后世的各种个别文明。公元前6世纪前后的第一次突破，是人类历史的重要转机，故名之为历史的枢轴。在此之前，各处人类皆有史前时代，人群不过浑浑噩噩地度日，生老病死全无意义，人之异于禽兽，只在于人掌握了用火的能力，因此雅斯贝尔斯称史前时代为普罗米修斯的时代。接着，在公元前5000年左右，有一些地区的人类发展了农业、文字及国家，这是古代文化的时代。但是他认为，有若干古代文化，例如古埃及文化，却始终没有完成第一次的突破，从而发展出枢轴时代的文明。各个枢轴文明，在近世逐渐合流为近代的科技文明，雅斯贝尔斯称这科技文明为第二次普罗米修斯的时代，人类又掌握了更多更复杂的谋生手段，但是人类还没有找到新的历史意义。第二次的突破，还有待于人类再一次的努力。[1]

雅斯贝尔斯曾讨论过，由史前时代转变到古代文化间究竟有些什么征象呢？他举出文字的发明是古代文化的共同特征。诚然，几个古代文化都有了文字，但是至少三个文化几乎同时进入枢轴时代，却又有什么条件呢？雅斯贝尔斯以为不能单用演化论来说明，因为几个古代文化中，只有中国、中东及印度三处有枢轴时代的文化；他也不认为同源传布论可以有力地解释这个历史现象，因为上述三处的民族不

---

[1] Karl Jaspers, *The Origin and Goal of History*, New Haven: Yale University Press, 1965. 尤其pp.28-50, 126-140。

同，文化渊源也迥异。他曾引用阿尔弗雷德·韦伯（Alfred Weber）的观察，以为当时有一群能驱车乘马的民族，由中亚分别进入上述几个地区，而造成了一番刺激。雅斯贝尔斯本人却不认为这种单一原因的解释足以说明如此复杂的文化转变。[1]然而，他仍归结了五项大事，认为是若干人类文化进入枢轴时代的征象：

（1）有了权力集中及文官系统的国家组织，使大河流域有了灌溉工程；

（2）有了文字，遂有了一群知识分子，成为行政机构不可或缺的人员；

（3）有了自群意识，认为自群有共同的语言、共同的文化，及共同的生活背景；

（4）古代文化的后期，有了领土广袤的大帝国；

（5）有了车马，人类征战与交通的距离扩大。

至于枢轴时代本身的特点，雅斯贝尔斯列举了三点重要的发展：

（1）人不再只是为了活着而生活，人有了意识与反省，这是人类精神上的进展；

（2）人以理性的能力发展工艺与技术，摆脱环境的约束与限制，以求生存；

---

[1] Karl Jaspers, *The Origin and Goal of History*, New Haven: Yale University Press, 1965. pp. 11-18.

（3）社会上有了信服的对象，或为统治分子，或为圣贤型的精神指导者，人因此有所景从，不至于没有自觉与恐惧恶魔而找不到目标。

这三项发展导致了历史的意识，几个枢轴时代的文化，遂有了各自的特色及此后发展的方向。[1]

究竟是什么条件激发了第一次的突破？魏尔（Eric Weil）认为，人类历史有多次突破，而每一次突破之前先要有一次崩坏。[2]魏尔的观念，颇似"穷则变，变则通"的想法。不过，崩坏往往意味着比困境更激剧的恶化，以致原有秩序全面地垮下来。细察几个枢轴文化的历史过程，以中国而言，殷周之际是一个大变局，以子姓诸族为主体的商王国，文化虽高，却不能凝聚他族，终于在周人的挑战下覆亡。周人以蕞尔小邦，君临中国，建立了一套崭新的制度，不仅开八百年的周代，而且凝聚华夏诸族，铸成中国文化的主体。这是一个大崩坏之后的新局面。[3]平王东迁，王纲不振，礼坏乐崩，列国扰攘，春秋战国时期，长达五百余年，中国又经历了脱胎换骨的过程，这是另一次崩解之后的新局面，举凡社会、经济、政治、观念等各方面都经历了极大的变

---

[1] Karl Jaspers, *The Origin and Goal of History*, New Haven: Yale University Press, 1965. pp. 44-45.
[2] Eric Weil, "What is a Breakthrough in History?" Daedalus, Spring, 1975, pp.5-27.
[3] 许倬云，《西周史》，台北：联经出版事业公司，1984年，页64—96。

化。[1]这两次崩坏之后的新秩序，哪一次可算是"第一次突破"呢？容下文再讨论。但以魏尔的理论来说，中国的历史颇可合辙。

以色列人的古犹太教，耶和华的信仰在摩西十诫立下之后始有神学系统。出埃及一事，是新秩序的建立，但以色列人在埃及时说不上有什么旧日的秩序，更谈不上旧秩序的崩坏了。逮及以色列人分裂为南北两王国，又先后为新巴比伦王国及波斯帝国所征服。以色列人分散四处，耶和华的一神观念，遂由部族神转化为普世的唯一真主。以色列人在颠沛流离中，为了解决自己信仰的困境，却替全人类的宗教观念开创了一个全新的境界，使后世的基督教与伊斯兰教都有了继长增高的基础。[2]以色列文化的大转变发生于宗社覆亡、人民离散之际，自然可以符合魏尔"穷则变，变则通"的假设。魏尔身为犹太人，对此特别有所感受，其理论大致也是由以色列文化的历史启示而触发的。

但是若以魏尔的理论观察希腊文化及印度文化的转变

---

[1] Cho-yun Hsu, *Ancient China in Transition*, Stanford: Stanford University Press, 1965.
[2] V. Nikipkowetzky, "Ethical Monotheism", *Daedalus*, Spring, 1975, p. 69以下，尤其页81—85；关于古代犹太教的历史，参看 Julius Guttmann, *Philosophies of Judaism*, tr. by R. J. Z. Silverman New York: Schochen, 1973。

过程，则所谓崩解即在若有若无之间。印度河流域的哈拉帕文化，文物灿然，与两河流域有相当的关系，其文化水平，较之中国的商代及尼罗河流域的古埃及文化，也不算十分逊色。这个古文化，今天只能在其颓垣残壁之间，由考古学家重建其大致轮廓。哈拉帕文化虽有文字，然至今尚未能通读。在印度次大陆出现的枢轴文化，是雅利安人在恒河流域逐步发展出来的另一种文化，但雅利安文化与哈拉帕文化之间的承袭关系不甚明显。迄于最近，印度史家一般认为雅利安人将印度河流域的古代文化摧残殆尽，无所孑遗。近来此说虽然颇有修正，有人以为印度河流域古代文化的痕迹仍保存在土著文化的底层，然而其痕迹若隐若现，至多在疑似之间。雅利安人梵文文化终究是一个新缔的文化。因此，如以魏尔的理论来说，梵文文化虽是突破，前面的崩坏之局却未必与后面的突破有直接的关系。至于佛教文化的出现，可算是一大突破，但其时梵文并未有全面崩坏的情势，则崩坏导致突破的说法，就印度的历史来说，未必站得住脚。[1]

---

[1] Romila Thapar, "Ethics, Religion, and Social Protest in First Millennium B.C. in North India", *Daedalus*, Spring, 1975, p. 119以下，尤其页120—124；关于印度古代文化的历史，参看 Romila Thapar, *A History of India*, Volume I. Baltimose: Penguin, 1966, pp. 15-49, p. 381以下，或 Bridget, Allchin and Raymond Allchin, *The Birth of Indian Civilization—India and Pakistan before 500 B.C.*, Baltimore: Penguin, 1968, p. 365以下。

希腊本身的历史上，更没有所谓崩解的时期了。希腊人由小亚细亚的城邦开始，承袭了地中海的迈锡尼文化与亚洲大陆的两河文化，终于发展为光彩夺目的古代希腊文化。波斯帝国扩张时，希腊人深受威胁，忧患兴邦，促成了伯里克利时代的灿然文化。这是突破，前此却未有破坏。[1]

魏尔的崩坏理论，能适用于中国及以色列的历史，而不能适用于印度与希腊的古代历史。因此崩坏理论的价值不高，我们必须另找其他的条件，以说明突破的出现。在本文前节已列雅斯贝尔斯指出古代文化突破前的五点特征，其中灌溉农业与国家之间的关系，当是根据魏特夫的水利工程理论而来。[2] 此说已普遍地为学者所怀疑。麦克亚当斯（Robert McAdams）以两河的水利工程与王权的关系，巴瑟（Karl Butzer）以埃及的历史，艾伯华（Wolfram Eberhard）以中国的水利发展过程，分别查验此说，都发现王权与大规模水利系统的发展，并无魏特夫所说的相关性，是以此说可以不再

---

[1] J. B. Bury and Russel Meiggr, *A History of Greece*, 4th edition, New York: St. Martin, 1975; Emily Vermeule, *Greece in the Bronze Age*, Chicago: University of Chicago Press, 1964; A. M. Snodgrass, *The Dark Age of Greece*, Edinburgh: Edinburgh University Press, 1971; William Taylor, *The Mycenaeans*, New York: Praeger, 1964.

[2] Karl A. Wittfogel, *Oriental Despotism*, New Haven: Yale University Press, 1957.

具论。[1] 青铜武器的出现则与国家的形成颇有关系，有了青铜武器，武装不再是普通平民人人可得，统治者即掌握了凌驾平民之上的优势。农业生产虽然在新石器时代即已有之，但国家和机构的出现，无疑可以将农业生产的成品，以税赋的方式，集中为极大的储积。于是，统治阶层得以掌握大量的积蓄资源，以维持军队及祝宗卜史与工艺人员。车马的出现，一方面加强了军队的威力，另一方面也改进了运输蓄积资源的能力。两者对于国家权力的增长当然有其正面的作用。国家长期的延续，自然又滋长了自群意识，同时自群意识也反馈而强化了国家的存在。文字是新的资讯交流的工具，个人与个人之间面对面的沟通，可以因有文字而超越时间的限制。因此文字的功能不仅在于为统治机构添了文书档案的工具，而且也为人类经验的累积及传播开辟了一条新的渠道。在前引雅斯贝尔斯所举五点文化征象之中，文字的出现当是最值得注目的一条。枢轴时代的三项发展，亦无不与文字有极大的关系。文字是一种抽象的符号系统，有了这一套符号系统，人方能作理性的思考，也方可彼此交换抽象的经验。

---

[1] Robert McAdams, *The Evolution of Urban Society: Early Mesopotamia and Prehistoric Mexico*. Chicago: Aldine, 1966, pp. 66-69; Karl Butzer, *Early Hydralic Civilization in Egypt: A Study in Cultural Ecology*, Chicago: University of Chicago Press, 1976, pp. 106-112; Wolfram Eberhard, *Conquerors and Ribes*, Liden: E. J. Brill, 1965, pp. 53-60.

经验的累积与交通超越了时空限制，人与人之间的共鸣与刺激方可衍生一层一层的新意义。雅斯贝尔斯所说的精神生活，当是人类寻求生活意义的心智活动。雅斯贝尔斯说，使别人信服的对象，不外以力量服人及以智慧服人两项。前者是英雄，英雄引人注目，早在茹毛饮血时代即为当然的现象。在人类使用文字以前，有一二禀赋特高的人可以其智力令人信服，一二长老，也可以以其有用的个人经验令人信服。但在有了文字以后，智慧可由累积前人经验而获得，也可由抽象思考而发展。智慧遂制度化而成为以文字作为媒介的礼法传统。掌握文字工具的若干人，例如祝宗卜史，遂成为掌握智慧的一个特殊群体。纵然这群人与后世的知识分子迥然不同，为了行文方便，我们仍不妨以"知识分子"一词称之。这些知识分子，殆是枢轴文化的缔造者。

古代的几个主要文化——两河、埃及、中国及印度河流域——都已有文字。然而，雅斯贝尔斯却不承认两河、埃及有过枢轴文化。[1]雅斯贝尔斯的疑难，在于他未能认清两河古代文化与古埃及文化实为波斯文化、希腊文化以及以色列文化的源头。于是雅斯贝尔斯以为中国文化是一个延续的单元，印度文化是另一个延续的单元，却将两河及埃及的文化

---

[1] Karl Jaspers, *The Origin and Goal of History*, New Haven: Yale University Press, p. 617.

当作没有后嗣的单元。若以历史的延续性言之,波斯祆教的善恶交争可能早在巴比伦创世传说中已有其端倪。在巴比伦的创世说《埃努玛·埃利什》(*Enuma Elish*)中,诸神与众恶魔本是原水混沌老母的子孙。诸神在恶战之后,创造了天地万物及秩序,而众魔则贬入地下深深的黑暗之中。大神马杜克(Marduk)本为众神之一,因为诸神都赠给他一分法力,终于为诸神赢得了胜利,也使马杜克自己升格为至高之神。在稍晚的文献中,诸神都是马杜克的化身,则马杜克的地位,离独一无二的大神,也只差一阶了。《埃努玛·埃利什》传说中,有光明与黑暗的斗争,有善与恶的冲突,有秩序与混沌的对比,最后则光明与善得胜,建立秩序,万物由此化生。[1]事实上,两河文学中,常见两造对话的寓言,例如牧人与农夫、柽柳与枣木、锄与斧。无疑,两河古老文化已有了二元论的观念。[2]凡此也是祆教中光明-黑暗两元对抗观念的原始形态。[3]诚然,祆教的发展有伊斯兰-印度系统的渊源,然而两河文化的影响,已由上述诸点可

---

[1] Alexander Heidel, *The Babylon Genesis*, 2nd edition, Chicago: University of Chicago Press, 1951, pp. 1-60.
[2] 关于两河文学的两元观念,参看 J. B. Pritchard, *Ancient Near Eastern Texts Relating to the Old Testamens*, 4th edition, Princeton: Princeton University Press, 1975, vol. II, pp. 142-148。
[3] 关于祆教的历史,参看 R. C. Zaehner, "The Dawn and Twilight of Zoroastrianism", New York: Putnam, 1961。

知，也是显而易见的。马杜克成为主神，以至发展为复活的神，以色列先知以赛亚对巴比伦与波斯宗教的观察及所承受的影响，对犹太教中耶和华演变为普世上帝，有切割不断的关系。《旧约》与巴比伦文献间的关系更是纠缠不分。[1]同时，埃及史家对埃及埃赫那吞奉迎的一神信仰与其对犹太一神的关系仍争执不下，既然摩西来自埃及，则所谓阿玛纳革命（Amarna Revolution）的大事，摩西是可能知道的。[2]因此，以色列文化中至少其犹太教的一神信仰是在两河文化与古埃及文化的背景下，逐步发展的。摩西时代的耶和华崇拜是否是真正的一神信仰，无关于以色列人分别受古代两大主要文化的影响与刺激。希腊之成为希腊，自然须追溯到小亚细亚出现希腊城邦的时代。大约在公元前9世纪，所谓希腊历史的黑暗时代已近结束，希腊人接受了两河文化的影响，包括字母、贸易方式，甚至城邦制度——而在两河流域，从事商

[1] Morton Smith, "Isiah and the Persians", *Journal of American Oriental Society*, 83(1963), pp. 415-421; William A. Irwin, "The Hebrews" in H. and H. A. Frankfort, eds. *The Intellectual Adventure of Ancient Man*, Chicago: University of Chicago Press, 1948, pp. 10, 236-237; Alexander Heidel, *The Babylon Genesis* (2nd edition), Chicago: University of Chicago Press, 1951. pp. 82-140.
[2] William Irwin, in H. and H. A. Frankfort, eds. *The Intellectual Adventure of Ancient Man*, Chicago: University of Chicago Press, 1948, pp. 224-230; V. Nikiprowctzky, "Ethical Monotheism", *Daedalus*, Spring 1975. in H. and H. A. Frankfort, eds. *The Intellectual Adventure of Ancient Man*, Chicago: University of Chicago Press, 1948, pp. 74-79.

业的城邦及原始民主已存在两千多年了。[1]事实上，考古学家在近代已能够解读泥版上楔形文字的两河古代文献；希腊学者却早已翻译了巴比伦的创世传说。在希腊古籍中，至少有一篇公元前5世纪的译文、一篇公元前3世纪的译文，都记载了《埃努玛·埃利什》的主要内容。[2]不仅希腊人对于古埃及文化的知识为显著的事实，而希腊文化之接受两河古代文化的影响，也是显而可见了。

以色列文化与希腊文化都承接了地中海东岸那一条狭窄通道，有不少地方性的文明出现，接受了南北两大文化的影响，却又交给了希腊与以色列发扬光大。戈登（C. H. Gordon）根据乌加里特（Ugarit）的文献指出，在传说与习俗各方面，希腊、希伯来，与古代的两河与古埃及文化之间，有种种交流传布的迹象。他的发现，正好填补了承先启后的交会点。[3]波斯、希腊与以色列文化在后世的发展都是两河古代文化（苏美尔—巴比伦—亚述）及古埃及文化的子嗣，这几个文化之间又互相影响，却能各自发展其特色。雅

---

[1] Thorkild Jacobsen, "Mesopotamia" in H. and H. A. Frankfort, eds. *The Intellectual Adventure of Ancient Man*, Chicago: University of Chicago Press, 1948, pp. 128-129, 149, 194-197. Samuel N. Kramer, *The Sumerians*, Chicago: University of Chicago Press, 1963. p. 289.
[2] Alexander Hiedel, *The Babylon Genesis*, pp. 75-81.
[3] Cyrus H. Gordon, *The Common Background of Greek and Hebrew Civilizations*, New York: Norton, 1965.

斯贝尔斯指出，这几个文化在公元前8世纪至公元前2世纪都经历了第一次突破的经验。魏尔曾指出，突破是随着崩坏而发生的，但在希腊文化中却又未见崩坏的背景。若以更长的文化延续关系着眼，这几个枢轴文化的转机，可能种因于其祧继的祖系，我们须在两河与埃及的古代文化中找寻枢轴时代转机的前因。中国文化发展的脉络清楚，由新石器文化而三代（夏、商、周）而春秋战国时代一系相承，较之中东及地中海地区的众流交错，中国的古代文化发展轨迹，可作为考察演变的良好个案。

雅斯贝尔斯认为，中国文化的枢轴转机在于春秋战国百家争鸣的时代。史华慈（Benjamin Schwartz）也为雅斯贝尔斯此说做过更为详细的说明，指出"道"的观念是先秦诸家的根本主题。[1]"天不生孔子，万古如长夜"，孔子到底是先秦诸子中最早且最重要的思想家；其他儒家及诸子百家，或推波助澜，或辩异责难，基本上都是围绕着孔子的思想在辩论。因此，以孔子来代表枢轴时代的中国思想方式，可谓理所当然。孔子自己声称他的事业只是"述而不作"。的确，孔子所关心的问题，如礼，如德，如天命，都已在诗书中有过相当的讨论。孔子提的"仁"与"道"，则是他的贡

---

[1] Benjamin I. Schwartz, "Transcendence in Ancient China" in *Daedalus*, Spring, 1975, pp. 57-68.

献。若说孔子以前中国古代思想最重要的一次变化，似乎当是殷周革命之际的天命观念。傅孟真（斯年）先生首先讨论性与命的演变，大致现在已是大家共同接受的看法：天命靡常是思想理性化的产物，商代宗神的"帝"转变为普世化的道德尊神；不可思议的怪力乱神，转变为"唯德是亲""天听自我民听"，更将神意与民意之间画上了等号。这一次大转变，等于犹太教耶和华信仰普世化加上希腊文化的尊重人性，在古代世界并世各文化中，其重要性无与伦比。[1]

商周之际，周人发展了天命观念，大率是由于周人以蕞尔小邦取代了大邑商，自己也觉得不可思议。这一番理性化的过程，可说是对于一个大问号的回答。更往前追溯，商代的思想形态，史阙有间，难以细考。董彦堂先生在商代祀典及卜辞书法发现商代的祭祀仪式有新旧两派的更迭。卜辞中的先王先公及诸种神祇原本相当众多，新派的祭祀对象则削减了不少先公及杂神。由祀谱的排列，董彦堂先生发现新派的祭祀有整齐的系统，五种祭典周而复始。[2] 这一番新派的改革，也可看作理性化的工作。那些商代的卜史，在净化简化祀典时，显然重现礼仪的价值，却把对咒术及神话的顾忌

---

[1] 傅斯年，《性命古训辩证》，《傅孟真先生集》卷三，台北：台湾大学，1952，页91—110；H. G. Cireel, *The Origins of Statecraft in China*, Chicago: University of Chicago Press, 1970, pp. 81-100；许倬云，《西周史》，页87—96。
[2] 董作宾，《殷历谱》，南港"中央研究院"重印本，1964，卷1，页2—4。

置之一边了。商代祭统,新派及旧派交替出现,我们可以推论,多一次更迭,这些主管祭仪的卜史,就会对神祇及祖先的神秘性多一番疑问,也会促使他们对宇宙本质、人间秩序,以及天人之际的关系,多做一番思考。周室东迁前后,封建社会起了极大的变动。《诗经·十月之交》一类的诗歌也对社会秩序提出了疑问,甚至怀疑上天对人间是否真正关怀,上天是否确实在维持人间的公道。[1]

有了问题,才会有思考;有了思考,才会有突破。因此孔子在枢轴时代的突破,近而言之,是王纲解纽、列国纷争的大变局促使他思考;远而言之,商代卜史对于祀典的疑问及周初天命的观念,都是枢轴时代思想能够突破的先河。

然则,哪些人会提出疑问?在商代的贞人、卜人,是当时的"知识分子",他们掌握有关祭仪及占卜的知识,他们也负有记录的责任。换言之,因为他们有识字与写字的能力,祝宗卜史则以对"传统"持守、解释及创造为业,也是为传统承先启后的知识分子。改朝换代,这批知识分子仍旧是知识分子。最近发现的史墙盘铭,记载史墙的祖先归顺周代的经过。在周王及列国的朝廷上,"殷士肤敏,裸将于京",继续了他们祖先的工作。[2]《国语·楚语》,观射父追

---

[1] 许倬云,《周东迁始末》,"中央研究院"成立五十周年纪念论文集,南港,1978年,页493—514。
[2] 许倬云,《西周史》,页99—102。

述祝宗卜史的世系,更远溯到夏代,在神人分离的时代,他们是神人之间的媒介,也仍是传统的持守人。[1]当这些知识分子还在执行他们的祖业时,他们必然一心一意维持传统的神圣性。但是商代新旧两派交替时,一定会有一部分知识分子失势,甚至失业;在殷周之际也可能有一部分贞人、卜人失去祖业。周代的贵族,大多是受过六艺教育的新知识分子,在春秋战国翻天覆地的剧变中,有不少贵族的子孙失去了贵族的地位。孔子的家世就是由宋国卿大夫沦落为流亡鲁国的士。古代的知识分子失业的一些成员,仍旧保有知识分子的条件,他们仍旧知道礼仪和传统。原来传统已失去了神圣性,于是传统的持守人,就不能不追问传统的意义何在,寻找对于传统的新解释,甚至提出一些新的宇宙观、社会观及人生观。对于过去视为当然的道理,这些人会提出疑问,也会进一步地思考。史华慈对英文"超越"(transcendence)一词,解释为"退后一步,往远处瞭望"(a kind of standing back and looking beyond),这是批判与反省的工作,却也往往开拓了新视野。[2]

由中国古代史的个案,我们可以归纳几个要点,当作枢轴时代突破的先决条件。首先,要有相当程度的国家组织

---

[1]《国语》,《四部备要》本,18/1—2。
[2] Benjamin Schwartz, "The Age of Transcendence" in *Daedalus*, Spring 1975, p. 3.

（例如三代的国家），庶几蓄积与集中资源，足以维持社会分工后的若干专业群。其次，必须要有文字，庶几有累积的经验及知识，超越人际沟通的时空限制，也因此可以累积文化的传统。前述国家组织与文字的两大要件配合，则有了一批专业的知识分子（例如祝宗卜史），他们主要的任务是持守传统，也为此而发展了传统的神圣性。单有这样的专业知识分子，若不具有迫使他们做反省工夫的机缘，突破与超越仍不能发生。因此，当时需有族与族之间或文化与文化之间的竞争与对比（例如夷夏之争、新旧之争），甚至有兴亡起伏的剧变（如商周之际的剧变，或周王室东迁以后的长期变迁），导致这些知识分子失去了当权贵的地位。他们转化为游离的知识分子，失去专业，可是也造成了他们对神圣传统的疑问。由疑问而反省，并遽然提出新的见解（如孔子及先秦诸子），这才能突破与超越习俗与神秘，把古代文化提升到所谓枢轴时代的新境界。

  以此为模式，其他几个古代文化的突破也就不难解释了。印度恒河流域的雅利安人梵文文化，取代了印度河流域的古代文化，接下去又开启了佛教及耆那教的枢轴时代文化。这是一个继续存在的文化体系，应不难与中国古代史上所见的情形互相比较验证。可惜印度文化的历史资料极少，年代学尤其不清楚，因此印度和中国的古代历史简直不能相比。然而就其可知的部分说，在梵文文化的《吠陀经》中的《梨俱吠陀》(Rigveda),种姓的分野已经形成。其中婆罗门是知识分子,掌握了梵文的知识——而梵文本身是神圣的。婆罗门与刹帝利战士(Kshatriya)分别属于两个种姓,使印度的知识分子早就有其独立于政治与社会之外的特性。在中国古代同样的分化却须在朝代覆灭或邦国丧亡时,方可见之。《吠陀经》的内容,主要是神秘主义的咒术,因此仪式极为重要,甚至细节也不许有所错失。婆罗门遂成为专业的祭祀人员。大约公元前700年至前500年间,有一些对此烦琐作风不满意的知识分子出现。这些禁欲苦行的林中人,注意到吠陀仪式的空洞,转而讨论人与自然的关系及转世的意义。若干圣者的教训,集合而为《奥义书》。这时印度文化发达,繁荣的城市星罗棋布,社会上足可以维持以思考为专业的知识分子。尤可注意的是,这些圣者不少并非保守的婆罗门种姓出身,其中颇有其他种姓的成员。[1]这批圣者的身份,一方面由掌政的刹帝利分化,一方面由保守的婆罗门种分化。他们超然的专业地位,使他们能反省神圣传统的内容,也提出了新的问题。在这时期前后,印度列国纷争,情势与中国的春秋战国相似。亡国的公子王孙,也沦为平民。那些别立宗派的圣旨中,有一个摩诃毗罗(Mahavira,公元前599—

---

[1] Jan Gonda, *Changes and Continuity in Indian Religion*, the Hague, Mouton, 1965. 页273以下及377以下; William T. de Bary (ed.), *Sources of the Indian Tradition*, New York: Columbia University Press, 1965 Vol. I. pp. 1-18。

前527）也是亡国的王孙，即创立了耆那教；另一个佛陀（约公元前563—前483）原是小国的王子，创立了佛教。《奥义书》提出的问题，在他们手上，终于发展为超越的宗教。

犹太教、袄教，及希腊文化均有相当成分承袭了两河与古埃及文化的成果，这已在前节谈过。因此，上述三个雅斯贝尔斯认为有过第一次突破的枢轴时代文化，其超越的先河，当也须在两河与古埃及文化中寻觅了。由另一个角度看，雅斯贝尔斯认为亚述文化与古埃及文化没有经历过枢轴期的突破当也可解释为时候未到，而需在继嗣的那些文化中始经历轴枢性的转变。不过三个继嗣文化的构成因子不同、环境不同，在超越与突破发生时，也就各具特色，从而决定了个别发展的方向。

两河流域的历史相当复杂。新石器时代的后期，从事农业的村落开始在幼发拉底河及底格里斯河的河谷平原出现。苏美尔文化发展了人类最早的文字，经过阿卡德（Akkadian）文化、古巴比伦文化、亚述文化、加尔底的新巴比伦文化一系列的演变，两河河谷星罗棋布的城邦演化为国家，再进而发展为大帝国。这三千多年内，两河流域的政治中心先在下游诸城转移。在亚述帝国时，则移向上游，而巴比伦城仍是文化中心。两河河谷是四战之地，进入河谷平原的外族为数众多，包括由西方沙漠进来的内族，以及由北方高原、东方山地过来的加喜特人、埃兰人等族属。西北徽外,地中海的西端,有不少小国,介于两河与尼罗河谷之间,有时服属两河,有时独立自主。在文化上,这些小国,例如米坦尼(Mitanni)、赫梯(Hittite)都受两河文化的影响,其文字也都借楔形文字字母拼音。因此,两河流域不仅有发展的国家组织,文化上还有多元的刺激与激荡。朝代兴亡,民族盛衰,更是频繁。

两河的知识分子,原是各城神庙的祭司与僧侣。但是两河由城邦时代始,即有兴旺的商业。为了贸易需要,这些知识分子中已有不少以记账写信为专业。换句话说,两河的知识分子中有一部分早已分化为世俗性的成员,不再受宗教性与神圣性的约束。另一方面,帝国首都以外各城邦的神庙,持有大量的财富,也有地方性的专业,但是未必分享王权的政治地位。各城邦的神祇,虽然在多神信仰的系统下,纳入家族及神祇会议的组织,但到底仍保留了各地方神的独立性。因此,即使神庙的祭司,也不是独占神圣性的知识分子。[1]这种多元性的知识分子,因为并非人人都占了当今的位置,也不必持守一定的传统,遂可有较大的自由,从事

---

[1] 关于两河古代知识分子的工作及专业,参看Edward Chiera, *They wrote on Clay*, Chicago: University of Chicago Press 1938, pp. 67-89. 165-175; A. Leo Openheim, "The Position of the Intellectuals in Mesopotamian Society" in *Daedalus*, Spring, 1975, pp. 37-44. 关于宗教的多神及易变性,参看A. Leo Openheim, *Ancient Mesopotamia*, 3rd edition Chicago: University of Chicago Press, 1968, pp. 182-183,194-195。

对于现存秩序的反省。朝代兴衰，乱多治少，也使知识分子搔首问苍天，追问现世的各项价值。

因此，两河古文化的创世传说《埃努玛·埃利什》以神话的形式，解释世界由混沌而产生秩序的过程，其中却把众神与诸魔都归于同一根源的混沌原水。秩序只是由权威产生，以维持宇宙的存在和诸力的运作。[1]马杜克从众神中取得了法力，不仅成为众神之王，而且在亚述帝国的晚期，个别的神都当作马杜克的诸多功能中之一。例如，月神西恩（Sin）是马杜克在夜间管光，风雨之神阿多德（Adod）是马杜克的雨水，农业之神尼内塔（Nineta）是马杜克的锄头。虽然这些众神并未从两河的宗教与神话中消失，但马杜克的名字已代表了神性神力的观念。[2]这一现象是对于神性神力的归纳。虽然两河的宗教从未发展为一神信仰，神性的抽象化却也是宗教发展为理性化的一大步。

吉尔伽美什（Gilgamesh）是半人半神的英雄，他与其天降的伙伴恩奇都（Enkidu）凭仗勇力，杀魔取宝，完成了凡人不能胜任的任务。可是，尽管他英勇，却闯不过死亡的关口。恩奇都病死了，吉尔伽美什不能拉他回来，于是吉尔

---

[1] Thorkild Jacobsen, "Mesopotamia", in H. and H. M. Frankfort, *The Intellectual Adventure of Ancient Man*, pp. 175-183.
[2] Thorkild Jacobsen, *The Treasure of Darkness*, New Haven: Yale University Press, 1976, pp. 234-236.

伽美什追寻不朽。他寻遍天涯海角，找到天降洪水劫余的不死老人，却只听到了降水大劫的故事，取得了青春树的树枝，却又在中途失去。最后，他接受了人必死的命运，让自己留下的功业留在人间，让记忆代替肉体的不朽不坏。[1]

吉尔伽美什诗歌是人类最古老的长诗。在两河文献中，有过无数泥版抄本，也有不同方言的版本，可说是两河文学的重要作品。可惜因为太多次传抄，我们只知其最早的母型约在公元前2000年既已出现，而到了波斯帝国时仍传流不衰。[2]长诗中包含了整篇降水故事，后者与《旧约》中诺亚方舟的故事有明白的传承关系。吉尔伽美什诗歌充分表露了人类对于死亡无可奈何的恐惧。结局时，吉尔伽美什倦游归来，知道终不可逃避死亡，不如在有生之年乐享余下的岁月，也满足于尽心尽力在人间留下了他的功业：壮伟的乌鲁克（Uruk）。在这首古老的诗歌里，人类第一次面对命运与人类意愿，反省生死的大问题。诗中没有奖善罚恶及天堂地狱的观念，人死了即不再能复生，任何人死后也只有沦入黑暗的黄泉。因此，两河文化对生死问题的反省，还没有发展到犹太教与袄教的水平。由于这个故事长久地在两河流传，其母题之出现，未能与任何特定的史事相关，大约只是知识

---

[1] Alexander Heidel, *The Gilgamesh Epic and Old Testament Parallel*, Chicago: University of Chicago Press, Phoenix edition, 1963.
[2] Ibid., pp. 14-15.

分子对这一永恒问题的反省。

两河文献中,早在苏美尔时代,就有向神怨诉苦求的文字,在阿卡德时代也有《颂主篇》(*Ludlul Bel Nemeqi*)及《巴比伦神义篇》(*Babylonian Theodicy*),内容都不外诉说世界种种不平及人生的诸般不幸,其语气与《旧约》中的《约伯记》(*Book of Job*)甚为类似。[1]不过,在两河文献中,受苦的个人只是呼求神力的援手,甚至自承罪辜,自怨自艾。反之,《约伯记》中,人在最后承认,人太渺小,不能预测或改变神的意志。两河文化虽有个人特别侍奉的神,以色列的犹太教却将个人的神扩大为宗神及普世的神。[2]是以,虽然两河的文献提出了为何人类有疾病苦难的困扰,甚至也提出了善不得报、恶不得罚的疑问,但终究只是对问题的反省,还没有给予超越的意义。

综合两河文化显示的现象,那些知识分子已对生死苦乐及神人之际的关系做了一番深入的思考。两河文化的知识分子并不限于朝廷与神庙的工作;他们从事多种多样的工作,是以在他们举首问天时,关怀的主体是一般性与生活性的生死苦乐,却未必把关心的范围缩小到王权性质及国家兴亡方面。也正因为他们关注的问题不在庙堂,反映他们思考的文

---

[1] James B. Pritchard, (ed) *The Ancient Near East*, Princeton: Princeton University Press, 1975. Vol. III. pp. 136-141, 148-167.

[2] Thorkild Jacobsen, *The Treasures of Darkness*, pp. 161-164.

献也就不必一定与历史上的大事件（例如改朝换代、民族盛衰之类）同步了。

再以古埃及文化的演变为例，我们发现迥然不同的现象。埃及旧王国文化充满了乐观自足的气氛。埃及人在尼罗河流域闭关自守，东西两边都有沙漠为屏障，上游是湍急的河谷，河口外面是广大的地中海，由两河世界到尼罗河谷，只有沿着巴勒斯坦一条狭路，跨过红海的地颈，始能进入河口冲积平原。尼罗河一年一度泛滥，可耕地虽只是狭窄的河谷平原，却肥沃可靠，足够养活并不众多的人口。于是埃及人以为古往今来，世界永远可以维持这样的秩序，甚至认为死亡若不是现实世界的延伸，也只是现世生命的冻结。埃及的神祇多不胜数，然而法老是神也是人，只要有法老沟通神人之间的关系，宇宙的秩序与世俗都可安定不变。[1]

古埃及的安定不可能永远不变。公元前2025年到前2000年间，旧王国分裂，几个地方势力各自称王，互不相让，关于内战的文献中出现了许多悲观厌世的作品，对于现实的变乱惶惑不解。甚至有一篇寓言，一个人与他自己的灵魂讨论自杀的后果，最后灵魂同意了人世无甚意义，不如早赴阴世。[2]

---

[1] John A. Wilson, *The Culture of Ancient Egypt*, Phoenix edition, Chicago: University of Chicago Press, 1956, pp. 69-103; Henri Frankfort, *Ancient Egyptian Religion*, New York: Haper and Row, 1961, pp. 30-46.

[2] John A. Wilson, *The Culture of Ancient Egypt*, pp. 106-116.

在这动乱的时代，古埃及人曾认真地思考生命的意义及社会的秩序。本文曾提到过魏尔的崩坏理论，是一个穷极之时不能不求解释的困境，古埃及的困境倒还当真由穷极而变，找到了一个新的观念。在旧王国时代，古埃及文献中并无明显的道德观念及是非观念。在这第一次动乱期间，道德的观念出现了，引申为真理、公平与正义的意义，也引申为是非之是与对错之对。世上的贫富荣枯，都不如玛亚特（Ma'at）重要。[1] 不过玛亚特也始终保持神圣秩序的神秘意义，与混沌相对的秩序。[2] 是以，埃及的玛亚特到底不是理性突破的产物。魏尔所谓崩解之后的突破，在埃及并未出现。当中王国再度统一埃及时，埃及的自信又恢复了。而玛亚特也只是神圣秩序，不再与平常人的生活相关了。[3]

古埃及文化史上另一次严重的反省是埃赫那吞（Akhenaten，公元前1379—前1362年）时的一神信仰运动。埃及的多神信仰，在王国统一后，不能不组成一个神祇系统，其中主神阿蒙瑞（Amon-Re）不仅已是两个大神的合一，而且因为阿蒙瑞与法老是天上与人间相对应的主体，阿蒙瑞纵然不是独一的尊神，也已是众神之神了。[4] 在埃赫那吞手上，太

---

[1] John A. Wilson, *The Culture of Ancient Egypt*, pp. 118-123.
[2] Henri Frankfort, *Ancient Egyptian Religion*, pp. 53-55.
[3] John. A. Wilson, *The Culture of Ancient Egypt*, pp. 143-144.
[4] Henri Frankfort, *Ancient Religion*, pp. 22-27.

阳神阿吞（Aton）成为崇拜对象，以日轮为其形象，此外所有的神祇都不再在崇拜之列。埃赫那吞不惜得罪各处神庙的祭司，甚至迁都到沙漠里的阿玛纳（Amarna）。在埃及史上，埃赫那吞的宗教革命仅是一幕短暂的插曲。在他生前，各处神职人员已联合了其他反抗的力量，挤垮了新宗教的统治。埃赫那吞死后，信仰便连根拔掉，历史甚至不记载这一段史实。

这次阿玛纳宗教革命是人类第一次提出了一神信仰，埃赫那吞实际上已宣称，其他的神都是假的，只有阿吞是唯一的真神。[1] 不过，阿吞信仰也许只是由众神合一的观念更进一步，正如阿蒙瑞是众神的综合体（syncretism）。即使埃赫那吞强调只有阿吞是唯一的神，阿吞却并未演化为普世的神，而只是埃及的神。[2] 由此，阿玛纳宗教革命的意义仍然只是埃及人反省的经验，阿吞的信徒到底未能以理性超越多神的神话与诗歌的经验，也未能超越民族而发展到"民胞物与"的境界。

埃及的知识分子，几乎全是神庙及政府人员。儿童学书的目的只在可以担任文书工作，不仅不必如农夫一样操劳，而且可以借文字而不朽。[3] 埃及的古代文献，多为宗教性或

---

[1] John A. Wilson, *The Culture of Ancient China*, pp. 208-224.
[2] Ibid., pp. 224-225.
[3] John, A. Wilson, *The Culture of Ancient Egypt*, pp. 261-263.

官方性的作品。两河文献中常见的平民与商业文件,在埃及古文化遗物中极为罕见。这一现象不仅可以由遗址性质来解释——埃及出土的遗址不是坟墓即是宫殿或神庙,也可以由文字使用的性质来解释——埃及古文字是宗教与政府的工具,不是一般人的工具。由此我们也不难理解,两河知识分子在反省与超越过去的经验时,其关怀的主题是生活的,例如生与死的问题。反之,埃及的反省与超越则是政治与宗教的,例如玛亚特的观念及阿玛纳宗教革命。

两河文化与古埃及文化是两支泉源。接下去的祆教、犹太教及希腊文化,又各自在两大泉源的基础上发展其枢轴时代的文化。简化地说,祆教接下了两河流域的二元论,可是超越了神话的神魔同源而发展为善恶的斗争。犹太教的一神信仰,超越了宗神族神及多神的综合,而成为普世的道德的神。犹太教的先知,不是政治权力的一部分,因此耶和华与信徒的关系,也是直接的。两河文化中的诸神,原是自然现象的象征与代表的符号。《埃努玛·埃利什》的传说,原是由混沌产生秩序的反省。希腊文化抛去了神祇的代号,却由宇宙间的力量与秩序,发展为赫拉克利特(Heraclitus)的道(logos)及毕达哥拉斯的数。[1]

中国在孔子以前反省的主题是天命靡常,印度在佛教以

---

[1] H. M. Frankfort, *The Intellectual Adventure of Ancient Man*, pp. 380-383.

前反省的主题是人生无常。这两个主题在两河文化与古埃及文化中都出现了。

由基督教世界的眼光看历史，布朗塔（Alfred Braunthal）以为人类永恒的追寻最初是求超越现实世界的救恩与解脱（salvation）。在启蒙时代人本思想抬头时，人类才转而追寻在现实世界建立完美的社会。[1]这一番意见，以西方历史的演变而言，诚为不虚。我们却也不妨以解脱与完美社会当作人类自古追寻的两个目标，只是各文化在这两个目标之间，各有偏重。中国文化代表了追求完美社会的一端，印度文化着重寻求解脱的一端。在两者之间，古埃及文化接近中国模式，两河文化接近印度模式，却不妨个别地夹杂了对另一项目标的关怀。

古代知识分子在面对有反省的需要时，他们已掌握了当时认为神圣的知识。他们也将这些知识重予界定，赋予新的内容。他们在中国是祝宗卜史，在印度是婆罗门，在两河与埃及是祭司。但在祝宗卜史转化为士，婆罗门转化为林中苦行的圣者，而祭司转化为流动的文士时，这些摆脱了传统约束的知识分子开始要反省所自出的传统了。他们反省的经验，犹如高悬天际的大问号，将不断刺激后世的知识分子也

---

[1] Alfred Braunthal, *Salvation and the perfect Society*, Amhert: The University of Massachusetts Press, 1979.

参加追索答案的行列。在稍后的时代，有一些知识分子，更为游离于现实权力之外，例如没落的贵族、亡国的王孙、失去故国的先知，及新兴城邦的公民，终于个别地提出了更超越、更普世的观念。这就是雅斯贝尔斯所论的第一次突破。因此，突破并非一定要在崩坏之后，崩坏的过程会导致若干知识分子游离为独立而超然的思考者。不过，崩坏并不是可以造成游离分子的唯一过程。经济发展可以累积更多的资源，使社会有能力维持专业的知识分子；社会与政治制度的改变，也会使有些阶层转化为新型的知识分子（如士与刹帝利的转化，如希腊公民的出现）。总之，人类思想的第一次突破是反省经验累积的结果，与专业而独立的知识分子的出现，也当有密切的关系。